Amour, Vénus, Himen, recevez nos guirlandes.

LE CHANSONNIER DES FÊTES,

ou

LE POETE DE FAMILLE.

Contenant:

Vers pour le nouvel An, Anniversaires, Pères, Mères, Parens, Instituteurs, Amis, Fêtes patronales d'Hommes et de femmes, Mariages, &c.

A PARIS,
Chez F. Louis, Libr.e Rue de Savoie, N.o 6.
1813.
de l'Imprimerie de Leblanc.

LE CHANSONNIER DES FÊTES.

PREMIÈRE PARTIE.
JOUR DE L'AN, ANNIVERSAIRES.

A MA PRÉTENDUE;
AU JOUR DE L'AN.

(14) Air de *la Croisée*.

Je serais sûr de mon pari,
En gageant que, pour bonne année,
Le souhait d'un jeune mari
Te sera fait dans la journée;
A ce vœu si doux à former,
Veuille le ciel être propice !
Qui plus que moi doit désirer
   Qu'un tel vœu s'accomplisse ?

Maint ami, déjà, dans ce jour,
M'a souhaité pour mon partage
Femme belle comme un Amour,
Femme aimable, modeste et sage :
Vœux superflus dont je riais ;
Car on oubliait, chère Elise,
En me fesant de tels souhaits,
   Que tu m'étais promise.

Reçois aussi de ton amant
Le compliment de bonne année ;
Puisses-tu très-prochainement
Rendre hommage au Dieu d'hyménée !
Puisses-tu dans un doux lien
Avoir le bonheur pour étrennes !
Je ne demanderai plus rien,
   J'aurai reçu les miennes.

M. Edouard Foucaux.

LE JOUR DE L'AN.
A MON PÈRE.

Air : *Au coin du feu.*

Que ton double visage,
Janus, est bien l'image
  D'un courtisan !
De tout temps, à la ville,
On emprunta ton style
  Au jour de l'an.

Pour moi, de ce langage,
Je suis, malgré l'usage,
  Peu courtisan ;
Aussi j'aime à vous dire
Ce que le cœur m'inspire
  Au jour de l'an.

De cette antique prose
Je veux qu'on me suppose
  Très-partisan ;
En disant : Je vous aime,
Pourrai-je mentir, même
  Au jour de l'an ?

Si mon esprit rebelle
Avait pu de mon zèle
   Suivre l'élan,
Que de vœux pour vous plaire,
Vous m'auriez vu vous faire
   Au jour de l'an !

Vivez long-temps en joie,
Et sans que l'on vous voie
   Baisser d'un cran :
Nous chanterons, j'espère,
De votre centenaire
   Le jour de l'an.

Pour finir de la ronde
La rime peu féconde
   Qui sonne en *an* ;
Le bonheur nous rassemble ;
Que chaque jour ressemble
   Au jour de l'an.

M. Lebastier de Douincourt

POUR LE NOUVEL AN.

Aujourd'hui qu'un usage établi dans le monde,
Fait qu'en souhaits polis toute la terre abonde,
Agréez, qu'inspiré par mon attachement,
Bien plus que par l'usage, où chacun se conforme,
    Du meilleur de mon cœur je forme
Mille utiles souhaits faits pour vous seulement.
    Je sais qu'en autrui l'on néglige
Ces sortes de devoirs que la coutume exige,
    Et que souvent le cœur ne dicte pas ;
Mais ceux comme les miens, qu'une amitié sincère
    Envers nos amis nous suggère,
    Méritent qu'on en fasse cas.
Recevez donc les vœux que ma Muse s'empresse
    D'offrir pour vous aux Immortels ;
Les voici : Que l'aveugle et légère Déesse,
    A qui l'on dresse des autels,
    Et qu'invoquent tous les mortels,
      Vous rie et vous caresse !
Que, dans tous les projets que vous entreprendrez,
    Cette Divinité préside !

Et qu'aussi loin que vous voudrez,
Sans nul danger elle vous guide !
Qu'à vos plus chers desirs
Aucun succès ne soit contraire !
Que tous les doux menus plaisirs
Qui composent votre ordinaire,
Toujours nouveaux pour vous, puissent toujours vous plaire!
Enfin, qu'une santé dans toute sa vigueur,
Et jusqu'au bout toujours égale,
Ne vous laisse passer la rivière fatale
Qu'après un siècle de bonheur !
Voilà, mon cher, pour vous ce que le cœur m'inspire ;
Dieux, favorables Dieux, puissiez-vous m'exaucer !
Et dès le même instant que je cesse d'écrire,
L'effet de mes souhaits puisse-t-il commencer !

A UNE DAME,

En lui donnant une Orange, le premier jour de l'an.

Paris, par un ordre divin,
Donna jadis la pomme à la plus belle;
A ce titre, aujourd'hui, vous l'auriez de sa main;
Je vous la donne, moi, comme à la plus fidelle.

M. A. J. P. Briand.

A UNE MÈRE, AU NOUVEL AN.

Air : *Tout le long, le long, etc.*

Enfin, ma petite maman,
Nous voici donc au jour de l'an!
De ce jour je suis toute fière;
Je puis en t'embrassant, ma mère,
Te faire, au-lieu de complimens,
Hommage de mes sentimens,
Et t'exprimer pendant une journée
Ce que sent mon cœur tant que dure l'année,
Ce que sent mon cœur toute l'année.

Pour dire que l'on t'aime bien,
Trop d'éloquence ne vaut rien;
Maman, c'est une chose sûre,
Qu'un mot dicté par la nature,
Qu'un petit mot qui part de là,
Vaut mieux que tout un opéra;
Et je sais bien que ma mère, qui m'aime,
Est toujours pour moi d'une indulgence extrême,
Est pour moi d'une indulgence extrême.

POUR LE JOUR DE L'AN.

Air du premier pas.

Auprès de vous ce beau jour nous appelle ;
Pour notre cœur c'est un devoir bien doux :
Nous vous jurons une ardeur éternelle ;
Avec ivresse elle se renouvelle
   Auprès de vous, auprès de vous.

Le premier pas est pour le meilleur père ;
Tendre maman, nous volons dans tes bras.
Si les souhaits prolongent la carrière,
Le Tout-puissant exaucera, j'espère,
   Le premier pas, le premier pas.

De vos enfans doublez la jouissance ;
Vivez autant que nos premiers parens ;
Notre bonheur tient à votre existence :
Croyez, croyez à la reconnaissance
   De vos enfans, de vos enfans.

M. Broisse.

UN VIEILLARD A SES AMIS

Soupant chez lui le premier jour de l'an.

(15) Air de *Joconde*.

Dans ce jour que d'embrassemens
   Qui sont pure grimace!
Que de feu dans les complimens!
   Dans les cœurs que de glace!
Telle, à son époux satisfait
   Jure une ardeur fidelle,
Qui, tout bas, lui fait le souhait
   De la vie éternelle.

Mais vous, dont la tendre amitié
   Habile en l'art de plaire,
De mes ans m'ôtant la moitié,
   Rend leur charge légère;
L'usage n'est point votre loi :
   Dans ce jour de délire,
Les vœux que vous faites pour moi,
   Votre cœur les inspire.

L'Amitié, chère en tous les temps,
    Console le vieil âge;
Elle est, sur-tout dans les vieux ans,
    Le vrai trésor du sage.
De l'Amitié les feux constans
    N'ont qu'une douce flamme;
L'Amour est le besoin des sens,
    Elle est celui de l'âme.

SAURIN.

A MA MÈRE,

LE JOUR DE L'AN.

(4) Air : *Trouverez-vous un parlement.*

Bon jour, bon an : vers toi je vien
Porter mes vœux, mère adorée;
Pardon, si je ne t'offre rien
Le premier jour de cette année :
Ah! si je désirais, crois-moi,
Pour mieux prouver combien je t'aime,
Te faire un don digne de toi,
Il faudrait t'offrir à toi-même.

A MONSIEUR ***,

LE PREMIER JOUR DE L'AN.

A cinquante ans je puis tout dire,
Et sans manquer à mon devoir :
Pour qui souhaite de vous voir,
Oh! qu'il est ennuyeux d'écrire.

L'Amour cache ce qu'il désire;
L'Amitié peut tout révéler;
Et lorsqu'on brûle de parler,
Oh! qu'il est ennuyeux d'écrire!

Maintenant je pourrais sourire,
Si vous m'étrenniez d'un baiser;
Et quand on songe à s'embrasser,
Oh! qu'il est ennuyeux d'écrire!

Mais tant que vos yeux pourront lire,
Et ma main former quelques traits,
Je sentirai, non sans regrets,
Qu'il est encor bien doux d'écrire!

Madame la Marquise De La Fer***.

A MONSIEUR B***,

LE PREMIER JOUR DE L'AN,

En lui envoyant des cartes.

Air : *On doit soixante mille francs.*

Pour accomplir tous tes souhaits,
Sois-en bien sûr, oui, je voudrais
   Voir le dessous des cartes.
Pour rendre tes désirs contens,
Je perdrais volontiers mon temps
   A débrouiller des cartes.

A cent philosophes fameux,
De tous les temps, de tous les lieux,
   Tu préfères des cartes.
Pour tes étrennes que t'offrir ?....
Pour égayer ton doux loisir,
   Je ne vois que des cartes.

M. Térénas fils.

A MON PÈRE, AU NOUVEL AN.

Tout ce que le monde renferme
Subit la loi du changement;
Tout être a son commencement,
Ses progrès, sa chute et son terme :
Un jour fait disparaître un jour;
Un an chasse et suit une année;
Et des siècles la destinée
Est de s'effacer tour-à-tour.
Toi que j'aime, honore et révère,
O mon bienfaiteur! ô mon père!
Cette loi n'est point pour mon cœur.
Les vœux qu'il fait pour ton bonheur,
N'ont rien qui change et qui s'altère;
Le Temps, par qui tout dégénère,
Ne fait qu'accroître mon ardeur.
Au gré de ma tendresse extrême,
Puissent, puissent long-temps mes yeux
Voir la félicité suprême
Embellir tes jours précieux !
Pour toi quand j'implore les dieux,
Je les implore pour moi-même.

A MADAME ***.
HOMMAGE D'UNE BONBONNIÈRE.

Du froid Janvier voici la renaissance ;
Mais l'an qui meurt, ou l'an qui rajeunit,
Pour vous n'amène aucune différence :
    On vous aime quand il finit,
    On vous aime quand il commence.
Il faut vous étrenner pourtant, et je le dois ;
    Mais que choisir pour vos étrennes ?
Je ne suis pas chez vous embarrassé des miennes ;
    Je vous y trouve, et, croyez-moi,
    Qui vous parle a reçu les siennes.
A des bonbons, enfin, mon présent se réduit ;
    Ce joli mot souvent séduit
    Tout-à-la-fois l'enfance et la vieillesse ;
    Mais que dis-je ? Sous d'autres noms,
Vos regards, vos discours sont autant de bonbons
    Dont vous nous étrennez sans cesse.
Jamais, il est trop vrai, quel scandale ! à Paris
    Vous ne nous faites chère entière !
    Les bonbons sont pour les amis,
    Pour l'époux seul la bonbonnière.
Qu'y faire ? Le plus sage est d'en perdre l'espoir.
Il faut se consoler, en ce jour d'étiquette,
    Par le bonheur qu'on vous souhaite,
    De celui qu'on ne peut avoir.   IMBERT.

A MADEMOISELLE ***,

En lui présentant, pour ses étrennes, le *Chansonnier des Grâces*.

(5) Air : *La foi que vous m'avez promise.*

Aujourd'hui, comme c'est l'usage,
Je voulais vous faire un présent,
Qui fût l'interprète et le gage
De l'estime et du sentiment :
Entre cent et cent bagatelles
Mon choix balançait incertain,
Lorsqu'avec des chansons nouvelles
Ce livre est tombé sous ma main.

Daignez en agréer l'hommage,
C'est à vous seule qu'il convient ;
Votre nom, mis à chaque page,
Prouve assez qu'il vous appartient ;
Mais je découvre ma finesse ;
Oui, mon présent n'est qu'une erreur :
Ce livre était à votre adresse,
Et je n'en suis que le porteur.

Par M. Fabre Dolivet.

A Mlle ESTHER ***,

En lui donnant le *Chansonnier des Grâces*.

(5) Air : *C'est à mon maître en l'art de plaire.*

A ce recueil daignez sourire,
Vous lui devez cette faveur :
Les chansons que l'Amour inspire,
Toujours intéressent le cœur.
Des chagrins effaçant les traces,
Il rendra vos loisirs plus doux;
On l'a composé pour les Grâces,
Vous voyez bien qu'il est pour vous.

M. A J. P. Briand.

A MADEMOISELLE ROSE CH...,

En lui offrant, le jour de l'an, un Amour couché dans une rose.

(8) Air : *Comment goûter quelque repos ?*

L'Amour, cruel tyran des cœurs,
En laissant respirer la terre,
Semble oublier son caractère
Au sein de la reine des fleurs.
Cette fleur pour vous fut éclose,
L'Amour y goûte un doux sommeil;
En vous voyant à son réveil,
C'est vous qu'il prendra pour la rose.

A ELLE,

LE PREMIER JOUR DE L'AN.

(4) Air : *Jeunes amans, cueillez des fleurs.*

Avant qu'une faible lueur
Ne vint commencer la journée,
Tout bas déjà mon tendre cœur
Te souhaitait *la bonne Année.*
De peur qu'au retour de Janvier,
Baiser ne devance les nôtres,
Donne moi vite le premier,
Accompagné de plusieurs autres. M. Th.[le]

A CLAIRE,

LE PREMIER JOUR DE L'AN.

(15) Air du *Pas redoublé.*

Claire, vous savez des Amours
　Fixer l'essaim volage;
Des Grâces on parle toujours,
　Vous plaisez davantage.
Talens, vertus, plaisirs, bonheur,
　Tout chez vous nous ramène;
Et j'en sais qui de votre cœur
　Voudraient avoir l'étrenne.

M. A. J. P. Briand.

LES BAISERS DU JOUR DE L'AN.

(5) Air : *Permets-moi d'attendre à demain.*

Tout dans ce jour glace les âmes ;
Froids complimens, vœux indiscrets ;
Baisers d'hommes, baisers de femmes,
Baisers perfides, pleins d'apprêts.
On y reçoit les vœux d'usage ;
Mais il en est qui sont bien chers ;
Baiser d'amitié dédommage
Des froids baisers qu'on a soufferts.

M. A. P. Boieldieu.

A UNE DEMOISELLE,
En lui envoyant un Calendrier.

(2) Air : *Daigne écouter l'amant fidèle et tendre.*

Si de ce don vous étiez satisfaite,
J'éprouverais le plaisir le plus doux ;
Ce petit livre est la liste complète
De tous les jours où mon cœur pense à vous.

M. Bergeron.

A M.ᴸᴸᴱ MANETTE CHAR...,

En lui offrant un Cœur de sucre, le jour de l'an.

(6) Air du vaudeville des *Visitandines*.

Des cœurs vous êtes souveraine,
De tous votre empire est chéri;
Mon cœur eût été votre étrenne,
Si vous ne me l'eussiez ravi :
Ne pouvant vous en faire hommage,
Puisqu'il n'est plus en mon pouvoir;
Daignez du-moins en recevoir,
Dans ce jour, une douce image.

A ÉGLÉ.

(3) Air : *Je suis Lindor, etc.*

Le jour de l'an, on peut dire qu'on aime;
J'use envers vous de ce droit plein d'appas;
Les autres jours, si, je ne le dis pas,
Charmante Eglé, je le pense de même.

SUR LES COMPLIMENS

ADRESSÉS AUX FEMMES,

En leur donnant des Oranges pour étrennes.

Un de ces fruits charmans, en tous lieux répandus,
Fut offert en hommage à la fille de l'onde;
Peu de beautés, comme elle, ont embelli le monde;
Mais si tous nos galans méritent d'être crus,
La nature aujourd'hui pour eux est si féconde,
    Que chaque pomme a sa Vénus.
                  M. A. Bordeaux.

UN ENFANT

A SON PÈRE ET A SA MÈRE,

LE JOUR DE L'AN.

Air de *Catinat*.

J'ai trouvé peu de mots pour faire un compliment,
C'est *je t'aime, papa*, c'est *je t'aime, maman*.
Voilà mon compliment de l'un à l'autre bout ;
C'est bien peu pour l'esprit, mais pour le cœur c'est tout

POUR UN ANNIVERSAIRE.

(4) Air : *Avec vous sous le même toît.*

Amis, à ce joyeux festin,
Chantons l'ami qui nous rassemble;
Cher Paul, moi, je goûte ton vin,
Et ton amitié tout ensemble.
De tes bouteilles, tour-à-tour,
Quand tu promènes l'abondance,
Ce beau jour est leur dernier jour,
Grâces au jour de ta naissance.

Bientôt ton Champagne mousseux
Et nous échauffe et nous inspire;
Il dicte plus d'un mot heureux,
Que sans lui nous n'aurions su dire.
Quand pour toi d'esprit, tour-à-tour,
Nous nous mettons tous en dépense,
Mainte saillie a vu le jour,
Grâces au jour de ta naissance.

Pardonne à ces faibles couplets,
Que l'amitié seule a fait naître;
Sont-ils bons? ah! je le voudrais...
Du-moins, puissent-ils le paraître!

Des couplets on connaît le sort,
Ils ont une courte existence;
Chacun des miens est déjà mort,
Et c'est le jour de leur naissance.

M. Adrien C.***

A LISE,

Qui me demandait un Couplet pour l'anniversaire de sa naissance (10 Janvier).

(4) Air du vaudeville de la *Soirée orageuse*.

Vous me demandez un couplet,
Et je m'empresse de le faire;
Combien mon cœur est satisfait
De fêter votre anniversaire!
De l'époque d'un jour si cher,
Lise, avez-vous bien l'assurance?
Songez que dans le triste hiver
La rose ne prend pas naissance.

Mlle Emilie Dumeray.

POUR UN ANNIVERSAIRE

DE VINGT-CINQ ANS DE MARIAGE.

(4) Air : *Femmes, voulez-vous éprouver ?*

Quoi ! Zélis, depuis vingt-cinq ans
Vous assurez être en ménage ?
Ce discours, sans voir vos enfans,
Nous paraîtrait un badinage.
De Vénus, nous n'en doutons pas,
Le fils vous prêta la ceinture,
Et conserve tous les appas
Que vous a donnés la nature.

Vous ressemblez à l'oranger
Qu'on voit s'embellir avec l'âge,
Qu'on voit à-la-fois se charger
De fleurs, de fruits et de feuillage :
Comme cet arbre précieux
De nos jardins est la parure,
De même vous ornez ces lieux
Par tous les dons de la nature.

A MADAME ***,

POUR L'ANNIVERSAIRE DE SEPT ANS DE MARIAGE *.

(5) Air : *Dans nos bois accordant sa lyre.*

A ton esprit tout rend les armes ;
Ton cœur est exempt de défaut ;
Ton époux, en chantant tes charmes,
Ne craint jamais de chanter faux.
D'être encor l'amant de sa femme
Un autre aujourd'hui rougirait ;
Mais le tien, sans changer de game,
A su trouver l'accord parfait.

M. C. Millevoye.

A MADEMOISELLE ***.

(5) Air : *Permets-moi d'attendre à demain.*

Aussitôt qu'un an se termine,
Mille vœux naissent tour-à-tour ;
Pour t'en faire un, mon Euphrosine,
Qu'ai-je besoin de ce grand jour ?
Pour te souhaiter douce vie,
Plaisir sans fin, parfait bonheur,
Ah ! c'est toujours, ma tendre amie,
Le premier de l'an pour mon cœur.

M. A. P. Boieldieu.

Le mari est compositeur renommé.

PÈRES, MÈRES, PARENS.

LA CHANSONNETTE D'EMMA,

Le matin du jour de Saint-Louis, fête de sa bonne-maman.

(4) Air : *Jeunes amans, cueillez des fleurs.*

Bonne-maman, de mon amour
Daigne accepter le témoignage ;
Puis-je choisir un plus beau jour
Pour t'en offrir le doux hommage ?
Oui, ce jour nous rend tous heureux ;
Et pour toi ta petite-fille
De son cœur veut joindre les vœux
A ceux de toute la famille.

Maman, dans ce jour de bonheur,
Les fleurs doivent ceindre ta tête ;
Avec quel plaisir enchanteur
Nous allons célébrer ta fête !
Le cœur seul en fera les frais :
Fils et mari, beau-fils et fille,
Se chargent de tous les apprêts...
C'est une fête de famille !

O la meilleure des mamans,
Qui ne t'aime, qui ne t'honore?
Idolâtre de tes enfans,
En retour chacun d'eux t'adore;
Mais ton Emma... Lis dans ses yeux
La tendresse qui pour toi brille...
Il me semble qu'ils parlent mieux
Que ceux de toute la famille.

De la rose aux vives couleurs,
Grâces, parfums, sont l'apanage;
Son éclat, ses douces odeurs,
De ses boutons sont l'héritage.
Tes enfans auront ton bon cœur,
L'esprit qui dans tes yeux pétille,
Tes vertus, ta simple candeur,
Vrais trésors de notre famille.

Moi qui suis le petit bouton
Que ta fille cultive, arrose;
Quelque jour viendra la saison
Où, comme elle, je serai rose.
Alors ton cœur me choisira,
Comme tu l'as fait pour ta fille,
Un bon mari comme papa,
Pour augmenter notre famille.

Celle qui me donna le jour,
En tout avec toi sympatise,
Et, pour augmenter mon amour,
Comme toi se nomme Louise :
Je porte aussi ce joli nom....
Mère, fille et petite-fille,
Trois Louises dans la maison!...
C'est un bonheur pour la famille!

Indulgence pour ma chanson ;
N'allez pas me chercher castille :
Avec sa maman, sans façon,
Sa petite-fille babille.
De lui peindre ses sentimens
Je m'aperçois que chacun grille...
A votre tour, mes bons parens,
Chantez la mère de famille.

M. J. Blondeau (de Commercy).

POUR LA FÊTE D'UNE MÈRE.

Air : *Reçois dans ton galetas.*

Nous arrivons sans façon,
Au jour heureux de ta fête,
Pour te dire une chanson
Faite vraîment de notre tête.
Nous sommes faibles rimeurs,
Et demandons grâce aux censeurs.

Faut-il tant de complimens
Auprès d'une tendre mère?
Nous sommes tous ses enfans,
Ne cherchons pas tant de mytères;
D'abord offrons notre cœur :
Peut-on offrir rien de meilleur?

Puis après, sans tant de train,
Courons, dans notre allégresse,
L'embrasser pour tout refrain,
Et lui marquer notre tendresse;
Voilà les plus beaux présens
Que puissent faire ses enfans.

M. VALADE.

A MA MÈRE,

LE JOUR DE SA FÊTE.

(16) Air de *Cendrillon*.

On connaît la ménagère
Que l'on nomme Cendrillon ;
Mais connaissez-vous ma mère,
Ma bien bonne Marion ?
Moi.... quand au jour de sa fête
Chacun lui donne un bouquet,
En la chantant, puis-je en tête
Avoir un meilleur sujet ?

Elle est modeste et sincère ;
Elle chérit son époux ;
Devoirs d'une tendre mère
Pour elle sont les plus doux ;
Chacun admire son zèle,
Son esprit, sa douce humeur ;
Aussi chacun aime celle
Que j'aime de tout mon cœur.

Les vrais plaisirs sur la terre
Sont donnés par les vertus ;
A celle qui m'est si chère
Ces plaisirs-là sont connus.

Puisse d'une longue vie
Le Ciel lui faire le don!
Car notre bonne Marie
Est l'honneur de sa maison.

Mme Louise Dauriat.

A UNE MÈRE.

(8) Air : *Comment goûter quelque repos ?*

Comment te célébrer, maman?
Ah! je n'ai que de la tendresse;
Mais de ta fille une caresse
Te plaît bien mieux qu'un compliment.
Loin de moi l'art et l'imposture;
Tout mon bonheur est dans tes bras;
De jolis vers ne valent pas
Le doux charme de la nature.

Lis dans mes yeux ce que je sens :
Tu connais bien leur doux langage;
Donne toujours à mon jeune âge
Ton amour, tes soins caressans.
De mon âme sois l'interprète,
Sur ton sein place mes bouquets;
Souris à ces faibles couplets,
Comme à toi ce sera ma fête.

UNE FILLE A SA MÈRE,

LE JOUR DE SA FÊTE.

Air des *Dettes*.

Quand je célèbre un si beau jour,
D'aucune Muse mon amour
   N'implore le caprice.
Pour faire un couplet bien tourné,
Maman, ne m'as-tu pas donné
   La boîte à la malice ?

Malgré ce joli présent-là,
Mon âme toujours restera
   Bonne, simple et novice ;
Car tu mis, par un grand bonheur,
Dans mon esprit, non dans mon cœur,
   La boîte à la malice.

J'y puiserai pour tout charmer ;
Mais je trouve en moi, pour t'aimer,
   Amour sans artifice ;
Et, t'imitant jusqu'à la fin,
Je garde pour l'Amour malin
   La boîte à la malice.

Mme Victoire Babois.

D'UN ENFANT A SA MÈRE.

Air : *Annette à l'âge de quinze ans.*

J'ai dit à Flore ce matin :
« Applaudissez à mon dessein ;
D'une fleur faites-moi présent ;
    Qu'elle soit belle,
    La plus nouvelle,
    C'est pour maman ».

D'un œillet elle m'a fait don ;
A-peine était-il en bouton ;
Mais je l'approche de mon sein ;
    Mon cœur palpite,
    La fleur s'agite,
    S'ouvre soudain.

Pour vous éclos par mon ardeur,
Mettez-le contre votre cœur,
Et qu'il vous dise à tout moment :
    « Je suis le gage,
    Le pur hommage
    Du sentiment ».

A UNE JEUNE MÈRE,

Par sa Fille, âgée de dix ans, le jour de sa fête.

(15) Air : *Je suis trop jeune encore.*

Pour bouquet, en ce jour charmant,
   Je voudrais, de ma tête,
Vous arranger un compliment,
   Mais la raison m'arrête.
De bien dire l'art enchanteur
   Est un art que j'ignore;
Pour rendre ce que sent mon cœur,
   Je suis trop jeune encore.

D'avoir des fleurs dignes de vous,
   Si j'avais l'avantage,
Belle rose il serait bien doux
   De vous en faire hommage.
Mais tandis qu'en toute saison
   L'Amour vous en décore,
Je n'ai pas même un seul bouton,
   Je suis trop jeune encore.

M. Damour.

A MA MÈRE,

LE JOUR DE SA FÊTE.

(5) Air : *Jamais sur le cœur de ma mère.* (De Pauline.)

C'est aujourd'hui que l'on vous fête ;
De chacun je vois les apprêts :
Ils sont à se creuser la tête
Pour en tirer quelques couplets.
Sans trop d'efforts je pourrais faire
Comme eux un fade compliment ;
Mais, dès qu'il s'agit de ma mère,
L'esprit le cède au sentiment.

Vous reconnaîtrez au langage
Aisément l'esprit ou le cœur.
Ainsi que le prescrit l'usage,
La politesse offre une fleur ;
L'opulence, pour l'ordinaire,
Avec éclat fait son présent :
Baiser que je donne à ma mère
Est le bouquet du sentiment.

M. A. J. P. Briand.

L'AMOUR FILIAL.

(18) Air : *O ma tendre musette!*

Pour célébrer la fête
De ma chère maman,
Je m'étois mise en quête
D'un joli compliment.
Au détour d'une rue,
Un enfant, vrai lutin,
Se présente à ma vue,
Me barrant le chemin.

« Où cours-tu donc si vite,
Et d'aussi grand matin?
Me dit-il, ma petite,
Du ton le plus malin.
A ton air, je soupçonne
Que quelque grand dessein
En ce moment te donne
Un peu trop de chagrin ».

— « Bel enfant, que t'importe
Le sujet de mes pas?
Ignore où je les porte,
Et ne m'arrête pas ».

— « Tu vas à l'Athénée
Trouver de ces faiseurs
De bouquets à l'année,
Toujours des mêmes fleurs.

» Pourquoi cette souffrance
Dans un si doux moment ?
Faut-il tant d'éloquence
Pour dire ce qu'on sent ?
J'ai quelqu'expérience,
Et ne suis point trompeur;
En pareille occurrence
Tout doit venir du cœur.

» Retourne vers ta mère;
Offre-lui cette fleur;
Dis-lui que de lui plaire
Tu fais ton seul bonheur.
Voilà tout le mystère
Du filial Amour,
Qui t'a, comme un bon frère,
Joué ce petit tour ».

D'UN ENFANT A SA MÈRE.

(4) Air : *On compterait les diamans.*

Ce n'est point en offrant des fleurs,
Que je veux peindre ma tendresse;
De leurs parfums, de leurs couleurs,
En peu d'instans le charme cesse.
La rose naît, brille un moment,
En un moment elle est flétrie;
Mais ce que pour vous mon cœur sent
Ne finira qu'avec ma vie.

Ce cœur par vos soins est formé;
De vos vertus il est l'ouvrage;
Pour répondre à tant de bonté,
Je voudrais vous en faire hommage;
Mais comment donner, en ce jour,
Un bien qui n'est plus à moi-même?
Ce cœur qui vous aima toujours,
Est à vous depuis qu'il vous aime.

Mes présens sont de simples vœux;
Je n'ai point d'offrande plus chère :
Que le ciel daigne rendre heureux
Et vos jours et ceux de mon père !

Pour que le sort de vos enfans
Soit uni pour jamais aux vôtres,
Que le ciel prolonge vos ans,
Ou bien qu'il abrège les nôtres !

J. J. Rousseau.

D'UN ENFANT A SA MÈRE.

(18) Air : *O ma tendre musette !*

Mère la plus chérie,
Des plus tendres enfans,
Daigne, je t'en supplie,
Recevoir les présens.
Au-lieu de fleurs nouvelles,
Quand nous t'offrons nos cœurs,
Crois que des cœurs fidèles,
Valent mieux que des fleurs.

En ce beau jour de fête,
Jour pour nous plein d'attraits,
Chacun de nous s'apprête
A chanter tes bienfaits.
Moi, je ne puis te dire
Que de faibles couplets....
Quand le cœur les inspire
Ils sont assez bien faits.

A MA MÈRE.

(12) Air : *Nous sommes précepteurs d'amour.*

Un autre pourra vous vanter
Son amour fidèle et sincère ;
Moi, je veux en ce jour chanter
Les doux soins de ma tendre mère.

Je n'aurai point recours à toi,
Dieu savant, qu'au Pinde on révère ;
On peut sans ton secours, je croi,
Peindre les doux soins d'une mère.

A ceux qu'exige son enfant
Maman se livre toute entière ;
Non, rien n'est plus intéressant
Que les soins de ma tendre mère.

Mortels, pour combler tous vos vœux,
Souvent que ne faut-il pas faire ?
Il ne me faut, pour être heureux,
A moi, que les soins de ma mère.

Que, dans un autre, des bienfaits
S'efface la trace légère,
Pour moi, je n'oublirai jamais
Les doux soins de ma tendre mère.

On me voit sans cesse penser
A tous les moyens de lui plaire;
Mais pourrai-je récompenser
Les doux soins d'une tendre mère?

Zèle ardent, dévoûment entier,
Reconnaissance, amour sincère,
Ah! vous seuls vous pouvez payer
Les doux soins de ma tendre mère.

D'UN ENFANT A SA MAMAN.

Air : *Du haut en bas.*

Un jeune enfant
Que peut-il offrir à sa mère
D'intéressant?
Un cœur tendre et reconnaissant.
C'est toujours la fleur la plus chère ;
Il sait que ce présent doit plaire
A sa maman.

UNE JEUNE DEMOISELLE
A SA MÈRE.

(4) Air : *Il faut des époux assortis.*

Le vain éclat des premiers rangs
Jamais n'excita mon envie :
Trop de dégoûts, de maux cuisans,
Près du trône assiégent la vie.
Pour guide il faut prendre son cœur ;
Mieux que le monde il nous éclaire.
Mon cœur me dit que le bonheur
N'est pour moi qu'auprès de ma mère.

De mes compagnes j'ai vanté
Les grâces, l'aimable sourire ;
Et, sans regret, de la beauté
Je leur abandonne l'empire ;
Mais cependant, je l'avoûrai,
Si j'ai quelques titres pour plaire,
J'en serai vaine.... Je croirai
Par eux ressembler à ma mère.

Celle qui m'a donné le jour,
A mille vertus en partage.
Ses amis composent sa cour,
Et leur bonheur est son ouvrage.

Sa bonté, ses soins prévenans,
Font souvent redire à mon père,
« Que ses plus fortunés momens
Sont ceux passés près de ma mère ».

En ce jour chacun va chanter
Joséphine et sa bienfaisance;
Chacun de nous va lui porter
Un tribut de reconnaissance.
Mais il semble que pour mon cœur
Le Ciel ait fait ce jour prospère,
Puisqu'en échange d'une fleur
J'aurai les baisers de ma mère.

M. A. J. P. Briand.

D'UN ENFANT A SA MÈRE.

(21) Air : *Bouton de rose.*

Cette pensée
Que ma main t'offre dans ce jour,
Sur ton cœur se trouvant placée,
Saura retracer mon amour
    A ta pensée.

A MA MÈRE,

LE JOUR DE SA FÊTE.

(4) Air de *la Soirée orageuse.*

Sur les moyens de vous fêter,
Qui me semblaient les plus faciles,
En vain j'ai voulu consulter
Les artistes les plus habiles.
Un peintre entreprit le tableau
De votre bonté maternelle;
Il l'esquissa, mais son pinceau
Ne put imiter le modèle.

Un poëte offrit à son tour
De célébrer votre tendresse,
De vous exprimer le retour
Dont je veux la payer sans cesse;
J'avais adopté son projet;
Mais il quitta bientôt la plume,
En voyant qu'au-lieu d'un couplet,
Il faudrait écrire un volume.

Alors un musicien fameux
Me promit de vous faire entendre,
Dans un concert mélodieux,
Les accens du cœur le plus tendre;

Il croyait faire un grand effet ;
Mais il n'a produit qu'un murmure
Qui n'offre pas l'accord parfait
Des sentimens de la nature.

On nous vante en vain les talens ;
Jamais ils ne pourront vous dire
Quels sont les tendres sentimens
Que pour vous le cœur nous inspire :
Dans le mien lisez en ce jour ;
Voyez combien il est à plaindre
D'éprouver pour vous un amour
Qu'il est impossible de peindre.

M. LE B...

A UNE MÈRE,

POUR LE JOUR DE SA FÊTE.

(3) Air : *Daigne écouter, etc.*

On ne voit plus de fleurs dans le parterre ;
Flore a perdu ses trésors odorans ;
Mais le bouquet que préfère une mère,
C'est le baiser donné par ses enfans.

D'UNE PETITE FILLE A SA MÈRE,

LE JOUR DE SA FÊTE.

(2) Air : *Te bien aimer, ô ma chère Zélie !*

Pourquoi ces fleurs qui couronnent ta tête ?
Pourquoi papa redouble-t-il d'amour ?
Ah ! tout me dit qu'aujourd'hui c'est ma fête,
Puisque, maman, c'est la tienne en ce jour.

De ton enfant la langue embarrassée
Ne peut qu'à-peine encore s'exprimer.
C'est dans mes yeux que tu lis ma pensée,
Et que déjà ta fille sait aimer.

Mon cœur, maman, à tes leçons docile,
Sur tes vertus desire se former ;
En t'imitant il me sera facile
De savoir plaire et de me faire aimer.

A UNE MÈRE.

(4) Air : *Avec vous sous le même toit.*

Nous ne pouvons, en ce beau jour,
Tendre mère, selon l'usage,
Joindre aux vœux qu'a dictés l'amour,
De Flore le brillant hommage.
Si l'Hyver a, par ses rigueurs,
Ravagé jardins et parterres,
Le froid ne peut rien sur nos cœurs,
Et leurs vœux sont toujours sincères.

L'usage à tes enfans permet,
Au défaut de fleurs naturelles,
De t'offrir un joli bouquet
De roses artificielles ;
Mais ces fleurs où brille le fard,
A nos cœurs ne ressemblent guères :
Elles sont des filles de l'art,
Et nos vœux pour toi sont sincères.

A UNE MÈRE.

(4) Air : *Femmes, voulez-vous éprouver ?*

Tu donnes tant de soins, d'amour,
A notre enfance fortunée,
Que, pour peindre notre retour
Notre science est bien bornée.
De ces fleurs, maman, tour-à-tour,
Par tes enfans sois couronnée ;
Et que nos cœurs disent un jour
Ce qu'ils sentent toute l'année !

UN PÈRE ET SES ENFANS,
LE JOUR DE LA FÊTE DE LEUR MÈRE.

(4) Air : *Jeunes amans, cueillez des fleurs.*

D'amour, de vertus, de talens,
Un aussi parfait assemblage
Mérite bien, mes chers enfans,
Notre tendre et touchant hommage.
Qu'avec plaisir je vous vois tous
Presser une excellente mère !
Est-il un spectacle plus doux
Pour le cœur de votre heureux père ?

M. Coedés.

D'UN ENFANT A SA MÈRE,

En lui offrant une Rose.

(15) Air : *Philis demande son portrait.*

Recevez ce léger présent
   Des mains de l'Innocence.
Pour un simple et timide enfant
   Ayez de l'indulgence.
Mille fleurs captivaient mes vœux,
   Une a la préférence :
La rose montre entre vous deux
   Parfaite ressemblance.

D'UNE FILLE A SA MÈRE.

(4) Air : *Trouverez-vous un parlement ?*

Je désirais te présenter
   Un riche bouquet pour ta fête ;
Mais il me faudrait emprunter,
   Et personne, dit-on, ne prête.
Au défaut de tout autre don,
   De bijoux, de fleurs, de guirlandes,
Je t'offre baisers à foison,
   A charge que tu me les rendes.

D'UN ENFANT A SA MÈRE.

(5) Air: *Avec les jeux dans le village.*

Maman, toi dont la main chérie
Guide encor nos pas chancelans,
Accepte ma rose jolie,
Comme le plus beau des présens.
Je viens de la trouver éclose,
Et j'ai dû la choisir pour toi :
Ma belle maman, c'est la rose,
Et le petit bouton, c'est moi.

D'UN ENFANT A SA MÈRE.

(15) Air du *Pas redoublé*.

Je n'ai point cueilli de bouquet
   Pour couronner ta tête;
Je viens, par un faible couplet,
   Te souhaiter ta fête;
Mais au fond de mon tendre cœur,
   J'ai fait le vœu sincère
De travailler à ton bonheur;
   C'est mieux fêter sa mère.

D'UN ENFANT A SA MAMAN,

LE JOUR DE SA FÊTE.

(4) Air : *J'aime la force dans le vin.*

Chacun vous aime et vous chérit,
Vous en faites l'expérience;
Et la vérité, comme on dit,
Sort de la bouche de l'enfance;
Vous plaire est mon plus cher désir,
Il va s'augmenter avec l'âge;
Et je ne demande à grandir
Que pour vous aimer davantage.

M. DAMAS.

DES ENFANS A LEUR MÈRE.

(4) Air : *Comme j'aime mon Hyppolite.*

Par de tendres embrassemens
Qu'il est doux de fêter sa mère!
De l'amitié de tes enfans
Reçois cette marque légère.
Ce bouquet, de nos sentimens
N'offre qu'une image infidèle :
Il durera peu de momens;
Notre tendresse est éternelle.

A UNE MÈRE,

POUR LE JOUR DE SA FÊTE.

Air : *Aussitôt que je t'aperçois.*

Je desirais, en ces momens,
   Dans l'espoir de te plaire,
Exprimer mes doux sentimens
   A la plus tendre mère!
Mais l'esprit, je m'en aperçoi,
Me manque et je ne sais pourquoi.
Toi, que toujours nature inspire,
Dis-moi, mon cœur, ce qu'il faut dire;
Car si tu parlais, tiens, je croi,
Tu t'exprimerais mieux que moi.

Pour les bienfaits que tour-à-tour
   A reçus mon enfance,
Je dois faire preuve en ce jour
   De ma reconnaissance;
Mais le moyen, oui, je le voi,
Me manque, et je ne sais pourquoi.
Toi que toujours nature inspire, etc.

A maman je veux dire ici
  Combien elle est chérie,
Et combien je promets aussi
  L'aimer toute la vie ;
Mais la parole, malgré moi,
Me manque, et je ne sais pourquoi.
Toi que toujours nature inspire, etc.

Je fais pour sa félicité
  Le vœu le plus sincère ;
Pour le peindre avec vérité,
  Comment pourrai-je faire ?
Mon pinceau serait, je le voi,
Trop faible, et je ne sais pourquoi.
Toi que toujours nature inspire,
Dis-moi, mon cœur, ce qu'il faut dire ;
Car si tu parlais, tiens, je croi,
Tu t'exprimerais mieux que moi.
                    M. LE B...

D'UN ENFANT A SA MÈRE.

Air de *Catinat*.

Par cœur j'avais appris un joli compliment,
Et j'accourais le dire à ma chère maman ;
Mais j'ai tout oublié lorsque je suis venu...
Je t'aime est le seul mot que j'ai bien retenu.

D'UNE FILLE A SA MÈRE,

En lui offrant un Bouquet de violettes et d'immortelles.

(1) Air : *Mon honneur dit*, etc.

Cette humble fleur, jalouse de te plaire,
Dans ce beau jour, ose ici se montrer ;
Reçois ce gage et modeste et sincère
D'une amitié qui doit toujours durer.
J'y réunis ces vives immortelles ;
Pourrais-je en faire un plus aimable emploi ?
Mon tendre amour doit durer autant qu'elles,
Puisse le tien durer autant pour moi !

D'UN ENFANT A SA MÈRE.

(4) *Jeunes amans, cueillez des fleurs.*

Lorsque chacun, dans ce beau jour,
De fleurs couronne votre tête,
O maman ! je viens, à mon tour,
Célébrer aussi votre fête.
Je vous offre pour mon bouquet,
Un cœur qu'en amour rien n'égale ;
O maman ! c'est le vrai bouquet
De la piété filiale.

D'UNE FILLE A SA MÈRE.

(5) Air : *Lorsque dans une tour obscure.*

Si je possédais un empire,
Je te l'offrirais pour bouquet ;
Oui, ta fille voudrait suffire
A rendre ton bonheur parfait ;
Mais je n'ai qu'un cœur, une rose ;
Les voilà... Je ne garde rien ;
Ce n'est pas te donner grand'chose,
Mais c'est te donner tout mon bien.

D'UN ENFANT A SA MÈRE.

(8) Air : *Ah ! pour l'amant le plus discret.*

Que j'aime, ô maman ! l'heureux jour
Qui vient nous ramener la fête !
De roses en parant ta tête,
Nous te rappelons notre amour.
Ce jour a bien droit de nous plaire,
Puisqu'un baiser nous est promis ;
Quel présent aurait plus de prix
Qu'un baiser d'une tendre mère ?

D'UNE FILLE A SA MÈRE,

En l'absence de son Père.

(4) Air de *la Soirée orageuse*.

D'un père éloigné de ces lieux,
Que la fille te dédommage ;
On dit, maman, que j'ai ses yeux
Et quelques traits de son visage ;
Mais quand j'entends autour de moi
Dire qu'il t'aime sans partage,
Bien mieux alors je m'aperçoi
Que je suis vraîment son image.

D'UN ENFANT A SA MÈRE.

(5) Air : *Il faut quitter ce que j'adore*.

Vous la voyez, cette immortelle,
Vive et durable en sa couleur ;
Maman, c'est l'image fidelle
De la tendresse de mon cœur.
J'aurais pu de fleurs plus brillantes
Faire un bouquet des plus charmans ;
J'ai préféré les plus constantes,
Pour vous peindre mes sentimens.

D'UN ENFANT A SA MÈRE.

(17) Air : *Cœurs sensibles, cœurs fidèles.*

 Chère maman, de mon âge
N'attends pas de complimens;
Ta fille n'a pour langage
Que ses baisers caressans.
Mon petit cœur fait tapage
De ne pouvoir parler mieux;
Lis le reste dans mes yeux.

D'UN ENFANT A SA MÈRE.

(5) Air : *Pourriez-vous bien douter encore ?*

 Maman, c'est aujourd'hui ta fête,
Et c'en est une pour nos cœurs;
A te chanter chacun s'apprête,
Et veut te couronner de fleurs.
Pour moi, je leur laisse la rose,
Le myrte, le jasmin, l'œillet,
La fleur d'orange à peine éclose....
Cent baisers, voilà mon bouquet.

A UNE MÈRE,

LE JOUR DE SA FÊTE.

Air : *Le premier pas.*

De notre cœur notre bouche interprète,
Adresse au ciel des vœux pour ton bonheur ;
Et chaque jour notre ardeur les répète :
Oui, tous les jours, ô maman, c'est ta fête
    Dans notre cœur.

Hors notre cœur qui pour toi bat sans cesse,
Nous ne pouvons te donner qu'une fleur ;
Cela doit peu surprendre ta tendresse ;
Tu le sais bien, toute notre richesse
    Est dans ton cœur.

D'UN ENFANT A SA MÈRE.

Air du *Prévôt des marchands.*

Votre fête, chère maman,
Ne vient jamais qu'une fois l'an ;
Avec raison je m'en étonne :
Je voudrais qu'on fêtât de plus
Et vos talens et vos vertus ;
Vous auriez plus d'une patronne.

D'UNE PETITE FILLE A SA MÈRE.

(13) Air : *Je l'ai planté, je l'ai vu naître.*

Ainsi que moi, reine des mères,
Pour toi papa forme des vœux;
Les siens ne sont pas plus sincères,
Quoiqu'il te les exprime mieux.

D'UN ENFANT A SA MÈRE.

(2) Air : *Daigne écouter, etc.*

Que peut, hélas ! jeune enfant à mon âge,
Qui de t'aimer fait son unique objet ?
Maman, je t'offre un innocent hommage,
Un doux baiser, et mon cœur pour bouquet.

DES ENFANS A LEUR MÈRE.

(2) Air de *Lindor*, de Paësiello.

De vos enfans acceptez cet hommage;
De vos enfans n'attendez rien de plus :
Si nous voulions célébrer vos vertus,
Cela serait au-dessus de notre âge.

A MA MÈRE,

LE JOUR DE SA FÊTE.

(4) Air : *Jeunes amans, cueillez des fleurs.*

Que Rose est un nom enchanteur !
Combien il a droit à me plaire !
C'est le nom d'une aimable fleur ;
C'est aussi celui de ma mère.
Comme sur les dons du printemps
La rose règne en nos partères ;
Ici, sur de tendres enfans
Règne la meilleure des mères.

Près de leur reine, mille fleurs
Formant une fraîche bordure,
Semblent n'étaler leurs couleurs
Que pour relever sa parure.
Si des vertus, si des talens,
A nos cœurs la gloire est si chère,
C'est qu'il est doux pour des enfans
D'accroître celle de leur mère.

Quand l'Hymen m'imposant ses lois,
Je serai père de famille,
Rose est le nom dont j'ai fait choix ;
Oui, je nomme Rose ma fille.

Doux présage de la beauté,
Ce nom de la fleur de Cythère,
Doit l'être aussi de la bonté,
Puisque c'est celui de ma mère.

Ah ! puisses-tu jouir long-temps
Du plaisir que ta fête inspire !
Mère aussi chère à tes enfans
Que la rose l'est à Zéphire.
A ces quatre bouquets de fleurs,
Offrande, à leur gré, trop légère,
Ils voulaient joindre quatre cœurs ;
Mais ils n'en ont qu'un pour leur mère.

A UNE MÈRE.

Air : *Accompagné de plusieurs autres.*

Pour fêter aujourd'hui maman,
Je n'ai besoin de compliment,
Ni de couplets comme les vôtres.
Je lui dirai tout simplement :
Prends un baiser de ton enfant,
Accompagné de plusieurs autres.

BOUQUET ÉNIGMATIQUE

PRÉSENTÉ PAR UN ENFANT.

Air : *Eh ! mais, oui-da !*

Je chante une Louise,
Je lui dois un bouquet ;
Mais un bouquet de mise
N'est pas aisément fait.
    Oh ! nenni-da !
On ne saurait trouver mal celui-là.

Elle est femme et jolie,
Aimable, faite au tour ;
La chaîne qui nous lie
Est celle de l'Amour :
    Oh ! nenni-da !
On ne saurait qu'applaudir à cela.

Mais, sans être infidèle,
Je partage mes feux ;
J'aime un autre objet qu'elle,
Il nous aime tous deux :
    Eh ! mais, oui-da !
C'est une énigme à présent que cela.

Sans lui conter fleurette,
Ni lui faire ma cour,
J'en ai fait la conquête
Avant de voir le jour :
    Eh! mais, oui-da!
C'est une énigme encore que cela.

Je suis à sa toilette
Témoin peu redouté ;
J'y chante, j'y caquette,
Bien sûr d'être écouté :
    Eh! mais, oui-da!
C'est une énigme encore que cela.

Admirez ma constance,
Je la chéris un an,
Et puis.... je recommence
Toujours d'aimer.... maman.
    Je m'en tiens là.
Est-ce une énigme encore que cela ?

M. Thiriot.

D'UN ENFANT A SON PÈRE.

Air : *J'ai perdu mon âne.*

Papa, c'est ta fête,
Je te la souhaite,
Et je viens pour te fêter,
Avec toi rire et chanter :
Papa, c'est ta fête.

Le jour de ta fête,
Ma joie est complète ;
Comme j'aime à t'embrasser,
Te voir et te caresser,
Le jour de ta fête.

Papa, pour ta fête
On avait en tête
D'avoir deux ou trois couplets ;
Applaudis les ; ils sont faits,
Papa, pour ta fête.

Pour chanter ta fête,
En vain on souhaite,
Papa, d'avoir de l'esprit :
Le cœur à lui seul suffit
Pour chanter ta fête.

D'UN ENFANT A SON PÈRE,

LE JOUR DE SA FÊTE.

(4) Air : *Femmes, voulez-vous éprouver !*

Pour savoir comment en ce jour
Je devais t'offrir mon hommage,
Et te prouver tout mon amour,
J'ai consulté plus d'un ouvrage;
Mais de mes tendres sentimens
L'expression naïve et pure,
Dans les livres les plus charmans
N'est pas conforme à la nature.

Après avoir cherché par-tout,
Examiné chaque système,
Je ne vois qu'un mot qui dit tout,
Et ce mot unique est *je t'aime;*
Je l'ai trouvé dans un auteur
    connaît pas l'imposture;
    est gravé dans mon cœur,
Il fut dicté par la nature.

M. LE B...

D'UN ENFANT A SON PÈRE
ET A SA MÈRE.

(5) Air : *Pourriez-vous bien douter encore ?*

Cher papa, quand chacun s'apprête
A partager votre bonheur,
Daignez, au jour de votre fête,
Pour bouquet recevoir mon cœur.
Lui seul de ma tendresse extrême
Doit vous assurer en ce jour;
Si ce n'est pas là comme on aime,
Qu'appelez-vous donc de l'amour ?

A vos leçons être fidèle,
Ne suivre en tout que vos désirs,
A vous prendre pour mon modèle
Mettre ma gloire et mes plaisirs;
Vous chérir d'une ardeur extrême,
Et vous le prouver chaque jour;
Si ce n'est pas là comme on aime,
Qu'appelez-vous donc de l'amour ?

Je veux à la plus tendre mère
Consacrer les soins les plus doux;
Je veux si bien la satisfaire,
Que de mon sort on soit jaloux;
Qu'en voyant ma tendresse extrême,
On me répète chaque jour:
Si ce n'est pas là comme on aime,
Qu'appelez-vous donc de l'amour?

D'UN ENFANT A SON PÈRE.

(1) Air : *Mon honneur dit, etc.*

Mon cher papa, pour célébrer ta fête,
Je voudrais bien te donner un bouquet;
Quelle est, dis-moi, la fleur la plus parfaite?
Est-ce la rose, ou le lys, ou l'œillet?
Comment!... tu vois mon embarras extrême,
Et tu souris de me voir hésiter....
Eh bien! pour fleur je viens m'offrir moi-même;
Contre ton cœur, ah! daigne me porter.

A MON PÈRE,

POUR LE JOUR DE SA FÊTE.

Air : *Résiste-moi, belle Aspasie.*

D'une fête qui m'est si chère
Je dois célébrer le beau jour ;
Mais, pour te prouver mon amour,
Faut-il des chansons, ô mon père !
L'hommage pour toi plein d'appas,
N'est point celui que l'art procure ;
Le plus beau couplet ne vaut pas
Un mot dicté par la nature.

Souvent tel a l'âme insensible,
Qui sait nous plaire et nous charmer ;
Mais a-t-il su jamais aimer ?
Non, c'est pour lui chose impossible.
Hélas ! des plus doux sentimens
L'attrait n'a rien qui l'intéresse ;
S'il faut à l'esprit des talens,
Il faut au cœur de la tendresse.

L'impression est bien légère,
De ces vers brillans, imposteurs ;
C'est s'arrêter sur quelques fleurs,
Pour voir leur beauté passagère :
Mes hommages sont plus constans ;
C'est dans mes yeux, sur mon visage,
Que tu liras ce que je sens ;
Et tu connais bien ce langage !

M. Langeron fils.

A UN PÈRE,

PAR SA FEMME ET SES ENFANS.

(16) Air : *Que ne suis-je la fougère !*
ou : *Dans ces désertes campagnes.*

Pour fêter le meilleur père,
Unissons-nous, mes enfans ;
A la voix de votre mère
Mêlez vos tendres accens ;
Et puisque le triste automne
De fleurs nous fait le refus,
Offrons mon cœur pour couronne,
Et pour bouquet vos vertus.

A UN PÈRE,

QUI ARRIVAIT DE PARIS.

(4) Air : *La Comédie est un miroir.*

Enfin, tu te rends à nos vœux !
Pour nous ce jour est bien prospère ;
Ah ! viens rassasier nos yeux
Du plaisir de voir un bon père.
De tes coursiers, ces vœux, hélas !
Accusaient la lenteur maudite :
Ils avaient beau doubler le pas,
Nos cœurs battaient encor plus vîte.

A Paris, on te vit souvent,
Chez nos sages que l'on renomme,
Ecouter un traité savant
Sur le bien qu'on peut faire à l'homme ;
Mais en vain un froid bel-esprit
Sur le bonheur disserte et brille ;
Au lycée on le définit,
On le goûte dans sa famille.

Tes pas erraient dans ce palais,
Ton œil admirait ce portique,
Où l'orgueil des rois, à grands frais,
Logeait leur ennui magnifique.

Crois-moi, ce marbre fastueux
Ne vaut pas la simple pelouse
Où tu souriais à nos jeux,
Assis auprès de ton épouse.

Tu portais d'avides regards
Sur les trésors de la peinture;
Mais l'erreur brillante des arts,
Qu'est-elle auprès de la nature?
On a peint l'amour filial;
D'après nous l'image est tracée;
Et nous t'offrons l'original
Dont la copie est au Musée.

M. Hyacinthe Morel.

A UN PÈRE.

(4) Air : *Au sein d'une fleur, tour-à-tour.*

Pour nous est-il besoin de fleurs,
Lorsque nous fêtons un bon père?
Zéphir dissipe leurs odeurs,
Et leur éclat ne dure guères;
Mais l'amour, de tendres respects,
Et des yeux où le plaisir brille,
Voilà le plus beau des bouquets
Pour un bon père de famille.

A UN PÈRE,

PAR SA FILLE, AGÉE DE DOUZE ANS.

(6) Air : *Souvent la nuit quand je sommeille.*

Dans ce jour si doux, si prospère,
Que nous célébrons tous les ans,
Chantons un ami tendre, un père,
Qui ne vit que pour ses enfans ;
Oui, par l'organe de sa fille,
Sans doute il recevra nos vœux,
Lui qui ne fut jamais heureux
Que du bonheur de sa famille.

Aimable papa, toi que j'aime
Plus que je ne puis l'exprimer,
Ah ! pour moi sois toujours le même,
Ne cesse jamais de m'aimer.
De ta fille appui tutélaire,
Quand tu la serres dans tes bras,
Quel enfant ne m'envîrait pas
La douceur de t'avoir pour père ?

De toi je reçus la naissance;
C'est le premier de tes bienfaits;
Chaque jour, de ton indulgence
J'éprouve de nouveaux effets.
Lorsque de ta fille chérie
Tu fais constamment le bonheur,
Ah! tout lui dit au fond du cœur,
Qu'elle te doit plus que la vie.

M. B. D. L. M.

A MON PÈRE.

Esprit, talens, vertus, je dois tout à mon père :
Je le dis aujourd'hui, je le dirai demain;
Esprit, talens, vertus, je dois tout à mon père.
    Bel œillet croit en bonne terre;
    Prenez celui-ci de ma main :
    De son odeur qui doit vous plaire,
    Et de sa robe de carmin,
    Il aurait tort s'il était vain;
    Il sait trop bien que c'est l'affaire
    Du jardinier et du jardin.

M. Félix Nogaret.

UNE DAME A SON PÈRE,

LE JOUR DE SA FÊTE.

Air du vaudeville de *M. Guillaume.*

Lorsque chacun, pour t'offrir son hommage,
 Se réunit en ces momens ;
 Quand l'Amitié fait un voyage
 Pour te prouver ses sentimens ;
Je ne veux point être ici la dernière
 A célébrer un jour si beau ;
 Mon cœur ne saurait pour mon père
  Garder l'incognito.

Depuis l'instant où la loi d'Hyménée
 Me fit quitter ce doux séjour,
 Je ne puis toute la journée
 Te prouver ici mon amour ;
Quand on te fête, il faut que je m'empresse
 A montrer un zèle nouveau,
 Pour les instans où ma tendresse
  Garde l'incognito.

Mon tendre époux étant de la famille,
 Avec moi t'offre ici son cœur ;
 J'y joindrai celui de ma fille,
 Que j'interprète en ta faveur ;

Il le faut bien, car sa faible pensée
    Que l'âge tient sous le rideau,
    Doit encore plus d'une année
        Garder l'incognito.

Ah ! puissions-nous encor te voir, mon père,
    Long-temps protégé du Destin,
    Fournir une longue carrière !
    Cueillir des fleurs sur ton chemin !
Puisses-tu voir constamment l'allégresse
    T'offrir toujours plaisir nouveau,
    Et les noirs soucis, la tristesse,
        Garder l'incognito !

M. le B....

D'UN ENFANT A SON PÈRE.

(3) Air de *Lindor*.

Mon cher papa, je suis trop jeune encore
Pour réciter des vers dignes de vous.
Ah ! laissez-moi dire sur vos genoux :
« Embrassez-moi comme je vous adore ».

UN JEUNE ENFANT A SON PÈRE,

LE JOUR DE SA FÊTE.

(5) Air de *Dorilas*.

Pour ta fête, ô mon tendre père !
Reçois mes vœux et cette fleur ;
Ce faible don saura te plaire,
Puisqu'il est offert par le cœur.
Ne dédaigne pas mon hommage :
Si je ne puis mieux m'exprimer,
Plus éloquent que mon langage,
Ce cœur saura toujours t'aimer.

D'UN ENFANT A SON PAPA.

(12) Air : *Nous sommes précepteurs d'amour.*

Cher papa, dans ce jour charmant
Je n'ai de présent à te faire
Qu'un *je t'aime bien tendrement*,
Et les souhaits d'un cœur sincère.

D'UN ENFANT A SON PÈRE.

(12) Air : *Nous sommes précepteurs d'amour.*

Que de ma tendresse, en ce jour,
Ce petit bouquet soit le gage !
D'autres, en t'offrant davantage,
Ne t'offriront pas plus d'amour.

D'UN FRÈRE A SA SOEUR,

En lui présentant une Rose pour sa fête.

(5) Air : *C'est à mon maître en l'art de plaire.*

Voici la fleur que pour ta fête
Un tendre frère doit t'offrir ;
La rose est l'image parfaite
De tout ce qui te fait chérir.
Par Zéphire elle est embellie,
Et tient, dans l'empire des fleurs
Le rang qu'une sœur si chérie
Occupe ici dans tous les cœurs.

A MA SŒUR,

En lui offrant une Pensée et une Immortelle.

(4) Air : *Au sein d'une fleur, tour-à-tour.*

De ce bouquet, ma chère sœur,
Daigne accepter le tendre hommage ;
Des vrais sentimens de mon cœur
Ces fleurs sont une douce image.
Pour toi, l'une en ouvrant son sein,
T'explique toute ma pensée ;
Et l'autre, par son long destin,
Est l'emblème de sa durée.

M. R. de L.

A UNE SŒUR,

En lui offrant une Immortelle et une Pensée.

L'une t'exprimera que pour toi dans mon cœur
Règnent des sentimens d'éternelle durée ;
L'autre, que je n'ai point de plaisir plus flatteur
Que celui de t'avoir toujours en ma pensée.

M. Mus.

A UNE TANTE,
LE JOUR DE SA FÊTE.

(4) Air : *Pour trouver ce parfait bonheur.*

L'hommage qui sent la fadeur,
Pour vous n'est jamais un hommage ;
L'esprit, s'il est complimenteur,
Près de vous perd son avantage.
Pour aller jusqu'à votre cœur
Il n'est, ma tante, qu'un langage ;
Plus il y règne de candeur,
Et plus il a votre suffrage.

De ce langage je me sers
Le jour d'une fête si belle,
Pour vous offrir, avec ces vers,
Une fleur qu'on nomme Immortelle.
La rose, il est vrai, brille plus ;
Mais pour mieux témoigner mon zèle
De votre esprit, de vos vertus,
J'ai choisi l'emblême fidèle.

A MA TANTE,

LE JOUR DE SA FÊTE.

(5) Air: *Pourriez-vous bien douter encore?*

Chacun exprime à sa manière
Et ses vœux et ses sentimens;
Par son esprit l'un cherche à plaire,
Un autre a recours aux sermens.
L'amant sans cesse se tourmente
Pour peindre sa constante ardeur.
Pour chanter une bonne tante
Je ne consulte que mon cœur.

La fraîche et matinale Aurore,
En les arrosant de ses pleurs,
A daigné pour toi faire éclore
Des bouquets de toutes couleurs;
Mais cette moisson abondante
Ne flatte que peu mon ardeur;
J'aime beaucoup mieux à ma tante
Offrir l'hommage de mon cœur.

Tu le sais, la fleur la plus belle
Ne brille, hélas! que peu d'instans;
Pour toi ma tendresse immortelle
Saura braver les coups du temps.

Si le ciel comble mon attente,
Tu couleras des jours heureux ;
Et long-temps à ma bonne tante
De mon cœur j'offrirai les vœux.

A UNE TANTE,

LE JOUR DE SA FÊTE,

En lui présentant un Bouquet où brillait une rose.

(5) Air du *Petit Matelot*.

Les plus riches présens de Flore,
Le jasmin, la rose et l'œillet,
Du feu d'un cœur qui vous honore,
Ne sont qu'un symbole imparfait :
Des fleurs, même la plus brillante,
Un jour la voit naître et mourir ;
Mais mon amour, aimable tante,
Avec moi seul pourra périr.

À UNE TANTE.

Air : *Des Fraises.*

Ah! quel beau jour pour mon cœur!
　En ces lieux tout m'enchante :
C'est un plaisir bien flatteur
De célébrer tous, en chœur,
Ma tante, ma tante, ma tante.

Elle m'aime tendrement,
　Et par-tout je m'en vante ;
Par-tout je dis hautement :
« J'ai pour seconde maman
Ma tante, ma tante, ma tante.

Vous, célestes habitans,
　Modérez votre attente ;
Au gré de vos vœux ardens,
Oh! vous attendrez long-temps
Ma tante, ma tante, ma tante.

POUR UNE TANTE,

LE JOUR DE L'AN.

Air : *Au coin du feu.*

Chaque jour de ma vie,
Amis, je porte envie
   Au jour de l'an.
Ce qui le plus m'enchante,
C'est d'embrasser ma tante
   Au jour de l'an.

A UNE TANTE.

(17) Air : *Cœurs sensibles, cœurs fidèles.*

Je voudrais chanter ta fête,
Et ne sais faire un couplet ;
Au plaisir qu'elle t'apprête
Tout mon être se complaît ;
Mais si ma muse est muette,
Pose ta main sur mon cœur,
Il sera bon orateur.

A MA COUSINE,

LE JOUR DE SA FÊTE.

(4) Air du vaudeville de *la Fille en Loterie*.

On tourne aisément un couplet,
On a mille choses à dire,
Lorsque l'on choisit un sujet
Qui nous sourit et nous inspire :
Chez vous, sans peine, j'en trouve un,
Et ma Muse se détermine ;
Mon sujet doit plaire à chacun,
Car je vais chanter ma cousine.

De ses yeux un regard vainqueur
Doit soumettre le plus farouche ;
Le moindre mot va droit au cœur,
Lorsque ce mot sort de sa bouche :
En voyant son sourire fin,
Sa beauté, sa taille divine,
On dit.... « Trop heureux le cousin
De cette charmante cousine » !

En ce jour, nous voyons ici
Un spectacle qui nous enchante;
Un cousin est votre mari,
Un cousin, son ami, vous chante.
Chez vous, sans craindre le chagrin,
Vers le bonheur on s'achemine;
Le cousin aime son cousin,
Et tous deux aiment la cousine.

Au doux titre d'épouse il faut
Joindre encore celui de mère;
Vous réaliserez bientôt
Une espérance qui m'est chère;
Et, pour nous mettre tous en train,
Avant trois saisons, j'imagine,
Nous aurons un petit cousin
De la façon de ma cousine.

M. RICHARD DE L***.

UN PETIT-FILS A SA GRAND-MÈRE,

QUELQUES JOURS APRÈS SA FÊTE.

(4) Air : *Jeunes amans, cueillez des fleurs.*

Quand d'un amour reconnaissant
Tes enfans t'offrirent l'hommage,
Je ne pouvais du sentiment
Te parler le tendre langage ;
Mais, pour m'en consoler, je dis,
Bravant une vieille étiquette :
De sa grand'mère un petit fils
En tout temps peut chanter la fête.

Tel, la veille, dès le matin,
S'apprête à chanter ce qu'il aime ;
Tel autre prend le lendemain ;
Moi, je n'adopte aucun système.
A quoi sert, pour peindre l'amour,
Une époque déterminée ?
Ne peut-on dire chaque jour
Ce qu'on pense toute l'année ?

Puisque l'amour est de tous temps,
Son hommage en tout temps doit plaire;
Et, pour peindre ses sentimens,
Le jour ne fait rien à l'affaire.
Reçois d'un fils respectueux
L'hommage pur, mère chérie!
Tes droits sur mon cœur vertueux
Dureront autant que ma vie.

DES ENFANS A LEUR GRAND-MAMAN.

(5) Air du vaudeville de *Jadis et aujourd'hui*.

Tu nous donnas deux fois la vie....
De notre main reçois ces fleurs;
Oui, pour toi notre âme ravie
A su marier leurs couleurs.
Laisse-nous de cette couronne
Ceindre ton front, malgré les ans;
C'est l'Amitié qui te la donne;
Accepte-la de tes enfans.

A UNE GRAND-MAMAN,

PAR SES PETITS-FILS.

(5) Air : *Deux enfans s'aimaient d'amour tendre.*

Vous êtes deux fois notre mère ;
Vos droits sont doublement acquis
Pour devenir toujours plus chère
A vos sensibles petits-fils.
Portez cette double couronne,
Et daignez croire à nos sermens ;
Notre tendresse vous la donne,
Pour gage de nos sentimens.

A MA MARRAINE.

(3) Air : *Daigne écouter l'amant fidèle et tendre.*

Daigne accepter mes vœux et mon hommage !
C'est mon bouquet, marraine, en ce beau jour :
Quand mon esprit en dirait davantage,
Mon cœur pour toi n'aurait pas plus d'amour.

A UNE MARRAINE,

LE JOUR DE SA FÊTE.

(5) Air : *Je le tiens ce nid de fauvettes.*

Il est un jour où l'on encense
Ses amis et ses bienfaiteurs,
Où la tendre reconnaissance
Aime à couronner les bons cœurs ;
Mais pour vous faut-il qu'on apprête
A cette époque des bouquets !
Chaque jour doit voir votre fête,
Quand chaque jour voit vos bienfaits.

A UNE MARRAINE.

Air de *Calpigi.*

Il ne faut pas que tu censures
Quelques expressions obscures ;
Ah ! daigne sourire à mes vers ;
Par l'amour ils te sont offerts.
Du fond du cœur je te souhaite
Une félicité parfaite ;
Il est simple, mon compliment ;
C'est l'hommage du sentiment.

SUR LA CONVALESCENCE DE Mme....

(4) Air : *Femmes, voulez-vous éprouver ?*

Ce jour ramène la gaîté,
A te fêter chacun s'apprête ;
Et ton retour à la santé
Double le plaisir de ta fête.
Revenez, plaisirs enchanteurs,
Charmant sourire, aimable ivresse ;
Et toi, qui causas nos douleurs,
Sois l'objet de notre allégresse.

Ton époux, tes enfans en pleurs,
Imploraient le ciel pour ta vie ;
Et les plus cruelles terreurs
Assiégeaient leur âme attendrie.
Sensible à leurs tristes accens,
Tu viens, fils du dieu d'Epidaure,
Rendre la mère à ses enfans,
L'épouse à l'époux qui l'adore.

Voyez la plus belle des fleurs
Pencher sa tête languissante ;
L'hiver, déployant ses rigueurs,
A flétri sa beauté naissante ;

Mais au souffle heureux du zéphir,
La rose s'empresse d'éclore;
Le printemps la voit refleurir,
Et paraître plus belle encore.

Telle, au printemps de tes beaux jours.
Tu languissais faible et mourante;
Et les Grâces et les Amours
S'affligeaient de te voir souffrante;
Mais la tendresse d'un époux
Dissipe toutes nos alarmes :
Et grâces aux soins les plus doux,
De plus d'éclat brillent tes charmes.

Ô spectacle plein de douceur!
Tes enfans, conduits par leur père,
Dans un jour si cher à leur cœur,
Volent dans les bras de leur mère.
Leurs baisers semblent t'exprimer :
« Maman, que notre âme est ravie!
Ah! tu renais pour nous aimer;
C'est nous donner deux fois la vie »!

M. Bonvoisin.

SUR LA CONVALESCENCE D'UN PÈRE.

(4) Air : *Jeunes amans, cueillez des fleurs.*

A l'astre étincelant du jour
L'homme en tout pays rend hommage,
Et confond dans le même amour
Le créateur et son ouvrage;
De l'homme constant bienfaiteur,
Le soleil l'échauffe et l'éclaire;
Vive image du Créateur,
Il est l'image d'un bon père.

Lance-t-il des torrens de feux,
Tout s'embellit dans la nature;
Voile-t-il son front radieux,
Soudain elle perd sa parure :
L'homme alors, triste et languissant,
Ne vit plus qu'autant qu'il espère;
Tel est le fils reconnaissant
Quand il craint pour les jours d'un père.

L'astre vient-il à s'éclipser,
Dans ses déserts l'homme sauvage
A force de bruit croit chasser
Le rival jaloux qui l'outrage;

Mais l'ivresse remplit son cœur
Quand le jour renaît et l'éclaire;
Ainsi tout renaît au bonheur
Quand le ciel nous rend un bon père.

POUR LE RETOUR D'UNE MÈRE,

Par sa Fille, qui commençait à jouer de la lyre.

(18) Air : *O ma tendre musette !*

Tes baisers, tendre mère,
Consolent mon amour;
Tout, ici, solitaire,
Appelait ton retour.
D'une trop longue absence
Ta fille gémissait;
Par ta douce présence
Son cœur est satisfait.

Le désir de te plaire
Dirige mes efforts;
Sur la lyre légère
Je cherche des accords.
Si ma voix pouvait rendre
Tout ce que sent mon cœur,
Jamais lyre plus tendre
N'eût chanté le bonheur.

M. Laure.

BIENFAITEURS, INSTITUTEURS.

A UN BIENFAITEUR.

J'aurais voulu tracer dans le même tableau
Vos vertus, vos bienfaits et ma reconnaissance.
    La Vérité conduisait mon pinceau,
    Le sentiment était d'intelligence,
    Mais la Raison condamnant mes efforts,
    Et m'arrêtant d'une main invisible :
— « Je ne viens point, blâmant d'aussi justes transports,
Imposer à ton cœur un silence pénible,
Dit-elle ; mais crois-tu, fertile en tes projets,
Accomplir dignement ce dessein téméraire ?
Pourras-tu nous offrir avec les mêmes traits,
La fermeté d'un maître et les bontés d'un père,
Les talens réunis de l'esprit et du cœur,
Sa piété modeste et cette humble candeur
Empreinte sur son front des mains de la nature ?
Non, ne t'en flatte point ; en vain ton cœur murmure,
Tu peux sentir le prix de ses tendres bienfaits ;
Mais ton faible pinceau ne les peindra jamais ».

A UN BIENFAITEUR.

Air : *Quand la Mer Rouge apparut.*

Sur ton cœur, sur ton esprit,
Que pourrais-je écrire ?
Depuis long-temps on t'a dit
Tout ce qu'on peut dire.
On a fêté
Ta gaîté ;
On a chanté
Ta bonté ;
Et l'on a vanté
Ta sincérité,
Ta facilité,
Ta capacité,
Ta fidélité,
Et ta loyauté.
Puisqu'on a
Dit tout ça,
Il serait
Indiscret
De venir
T'étourdir.
Franchement,
Rondement,
Simplement,
Mais gaîment,
Moi je te souhaite
Une bonne fête.

A UN BIENFAITEUR.

(5) Air : *Pourriez-vous bien douter encore ?*

O toi qui de mon premier âge
Diriges les pas chancelans,
Daigne accueillir le faible hommage
De mes vœux, de mes sentimens :
Une fleur me suffira-t-elle,
Pour les exprimer en ce jour ?
Oui, la fleur qu'on nomme Immortelle,
Saura te peindre mon amour.

Mes vœux, d'accord avec l'usage,
Pour toi naissent du sentiment ;
Mon cœur, dont ils sont le langage,
Te les répéte à chaque instant ;
En implorant ton indulgence,
J'ose les redire en ce jour :
Pour bouquet, la reconnaissance
Vient t'offrir les vœux de l'amour.

Que le ciel, à nos vœux prospère.
Fixe près de toi le bonheur !
Qu'il embelisse ta carrière
De jours aussi purs que ton cœur !

Que la gaîté la plus parfaite
Soit ta compagne chaque jour!
Ah! chaque jour serait ta fête,
S'il dépendait de mon amour.

A UNE BIENFAITRICE.

Air du vaudeville de *la Revanche forcée*.

De la tendresse d'une mère
Je n'ai point connu la douceur;
Mais votre bonté tutélaire
A su réparer ce malheur.
Mon cœur pour vous de la plus tendre fille
Eprouve tous les sentimens;
Et près de vous, depuis dix ans,
J'ai chaque jour retrouvé ma famille.

A UN BIENFAITEUR.

(5) Air : *Il faut quitter ce que j'adore.*

Sous un ciel pur et sans nuage,
Une vigne, au milieu des champs,
Voyait s'étendre son feuillage
Et fleurir ses rameaux naissans.
Tout-à-coup un cruel orage
Vient répandre une sombre horreur;
Devant lui vole le ravage,
Par-tout il porte la terreur.

La vigne, faible et chancelante,
Elle-même tremble à son tour;
L'espoir de sa beauté naissante
Va s'évanouir sans retour;
« Hélas ! qu'ai-je fait, disait-elle ?
Sort cruel, laisse-toi fléchir » !
Mais le sort, sans pitié pour elle,
Hélas ! elle devait périr.

Aux accens de sa triste plainte,
Un bel ormeau fut attendri :
« Calmez, lui dit-il, votre crainte;
Oui, je veux vous servir d'abri :

Que vos bras nus et sans feuillage
Enlacent mon tronc vigoureux ;
Ainsi nous braverons l'orage,
Ou nous périrons tous les deux ».

La faible vigne se confie
A cet ormeau compâtissant ;
Dans peu sa tige refleurie
Brave l'aquilon mugissant :
Par un retour bien équitable,
Chaque année, avec plus d'ardeur,
Elle offre son fruit agréable
A son tendre libérateur.

Envoi.

Toujours présent à ma pensée,
C'est toi qui guides mon pinceau ;
Je suis la vigne délaissée,
Et toi le bienfaisant ormeau.
Tu veillas sur ma tendre enfance,
Tu me prodiguas tes bienfaits :
La plus vive reconnaissance
M'acquittera-t-elle jamais ?

A UN BIENFAITEUR.

(5) Air : *Ma peine a devancé l'aurore.*

Avant le lever de l'aurore
J'ai parcouru notre jardin ;
Chaque fleur qui venait d'éclore
Paraissait inviter ma main ;
Mais peu satisfait des plus belles,
Tour-à-tour je les rebutais ;
Je ne rencontrais pas en elles
Le symbole que j'y cherchais.

Enfin, au milieu du parterre,
Un tournesol frappe mes yeux ;
Vers l'astre qui luit pour la terre,
Il courbe un front religieux ;
Je dis : « Si la reconnaissance
Te fait suivre ton bienfaiteur,
Tu mérites la préférence ;
Sois l'interprète de mon cœur ».

A UNE BIENFAITRICE.

(22) Air : *Vous, qui de l'amoureuse ivresse.*

Ce jour amène votre fête,
C'est un bonheur ;
Je connais peu l'art du poëte,
Pour mon malheur.
Je n'emploîrai d'autre langage
Que cette fleur,
Mais je joins à ce faible hommage
Celui du cœur.

POUR LA FÊTE D'UNE BIENFAITRICE.

(5) Air : *Pourriez-vous bien douter encore?*

Vous versez sur notre jeune âge
Vos tendres soins et vos bienfaits ;
Votre morale douce et sage
Pénètre nos cœurs pour jamais.
Si nos vœux ardens et sincères
Du Ciel peuvent être entendus,
Il rendra tous vos jours prospères,
Et nous donnera vos vertus.

A UN BIENFAITEUR.

(4) Air : *Il faut des époux assortis.*

Heureux qui, dans un tendre ami,
Peut embrasser un second père !
Bénissons un mortel chéri
Qu'à l'envi notre cœur révère !
A nos cœurs le tien est lié
Des doux nœuds de la Bienfaisance ;
Et nous couronnons l'Amitié
Des fleurs de la Reconnaissance.

A UNE BIENFAITRICE.

(1) Air : *Muse des bois, etc.*

Vous méritez que chacun vous adore,
Par des bienfaits vous comptez tous vos jours ;
Aux Dieux payens si l'on croyait encore,
Ou bien si l'on canonisait toujours ;
A la douceur unissant la réserve,
A tant d'attraits joignant tant de vertus,
On eût de vous fait une autre Minerve,
Ou nous aurions une sainte de plus.

POUR UNE DISTRIBUTION DE PRIX.

(12) Air : *Flora n'a pas besoin d'aïeux.*

Enfans, recevez ces lauriers ;
Ils sont donnés par la Science ;
Franchissez les rudes sentiers
Qui conduisent en sa présence.

Elle habite un roc dangereux,
Battu des vents et de l'orage ;
Son temple, élevé jusqu'aux cieux,
Pour vous est couvert d'un nuage.

Si vous voulez cueillir ses fleurs,
Aimez l'Etude et la Sagesse ;
Ne comptez pas sur ses faveurs,
Vous, esclaves de la Mollesse.

De vos parens le tendre amour
Vous soutiendra dans le voyage ;
Heureux de pouvoir, au retour,
De vos lauriers leur faire hommage.

M. R***.

POUR UNE DISTRIBUTION DE PRIX,
DANS UNE PENSION DE DEMOISELLES.

(21) Air : *Bouton de rose.*

Une couronne
Souvent se donne à la valeur :
Offerte des mains de Bellone,
Nous n'aspirons pas à l'honneur
  D'une couronne.

Une couronne
Peut ceindre aussi nos fronts vainqueurs.
Apollon aux Muses la donne :
Nous attendons de ses faveurs
  Une couronne.

Une couronne
Au travail doit nous exciter ;
Quand au seul mérite on la donne,
Heureuse qui peut mériter
  Une couronne !

M. MARESCHAL.

IMPROMPTU

FAIT PENDANT UNE DISTRIBUTION DE PRIX A DE JEUNES DEMOISELLES.

Air des *Bonnes Gens*.

Quelle douce victoire!
Le cœur en est transporté....
Des lauriers de la Gloire
On couronne la Beauté.
La science est leur conquête....
Chantons ces objets charmans!
C'est en même-temps leur fête
Et celle de leurs mamans.

A UN INSTITUTEUR.

(4) Air : *C'est le meilleur homme du monde.*

Dans nos jardins un arbrisseau
Pour croître a besoin de culture ;
Par un travail toujours nouveau,
Il faut seconder la nature.
De même vos soins assidus
Sont le soutien de mon jeune âge :
Un jour, si j'ai quelques vertus,
Ces vertus seront votre ouvrage.

A UNE INSTITUTRICE,

LE JOUR DE SA FÊTE.

Air : *L'Hymen est un lien charmant.*

Amis, bannissons le chagrin,
Ne pensons qu'à fêter MARIE * ;
Ses tendres soins de cette vie
Nous aplanissent le chemin :
Dans ce triste pélérinage
Par fois elle tarit nos pleurs ;
Dans nos maux elle nous soulage ;
Et nous ne trouvons que des fleurs
Au commencement du voyage.

En elle tout semble s'unir
Pour nous la rendre encor plus chère ;
C'est pour nous une tendre mère,
Pourrions-nous ne pas la chérir ?
Elle mérite notre hommage.
Sans chercher de mots superflus,
On peut bien, à son avantage,
Dire que toutes les vertus
Dirigent ses pas en voyage.

* Madame LOYSEAU.

Dieu puissant, de tous les malheurs
Préserve une tête si chère;
Protège notre tendre mère;
Ecoute les vœux de nos cœurs;
Fais que jamais sur son passage
Elle ne trouve la douleur;
Que le plaisir soit son partage;
Que toujours la paix, le bonheur,
Soient ses compagnons de voyage.

Jusqu'à notre dernier soupir,
Guidés par la reconnaissance,
Notre plus douce jouissance
Sera de toujours la chérir :
De ses soins pour notre jeune âge,
Loin d'elle en prenant notre essor,
Que notre amour la dédommage ;
Et nous la bénirons encor,
Près de terminer le voyage.

A UNE INSTITUTRICE,

LE JOUR DE SA FÊTE.

(4) Air du vaudeville de la *Soirée orageuse*.

Quelle fête a de nos travaux
Suspendu le cours ordinaire ?
L'étude, aux plaisirs, au repos,
Semble abandonner la carrière.
L'amour seul anime ces lieux,
Sur tous les fronts la gaîté brille :
Si j'en crois mon cœur et mes yeux,
C'est une fête de famille.

Jouis d'un spectacle aussi doux,
Objet d'une fête si chère,
Toi, dont la tendresse pour nous
Égale celle d'une mère.
Dans le partage de tes soins
Si nul n'obtient la préférence,
Vois comme chacun veut du-moins
L'emporter en reconnoissance.

Ainsi nos cœurs, rivaux heureux,
Qu'un même sentiment inspire,
Ont tous formé les mêmes vœux ;
Accueille-les d'un doux sourire :
Puisse le Bonheur sur tes pas
Au Mérite rester fidèle,
Aussi long-temps que tu seras
Notre amour et notre modèle !

A UNE INSTITUTRICE,

LE JOUR DE SA FÊTE.

(4) Air : *Femmes, voulez-vous éprouver?*

Toi qui règnes dans ta maison
Par la bonté, par la tendresse ;
Par ton organe la Raison
Parle et se fait aimer sans cesse.
Toute entière à notre bonheur,
Tu le médites, tu l'opères :
Chacune de nous dans ton cœur
Trouve la meilleure des mères.

A UNE INSTITUTRICE *,

LE JOUR DE SAINTE FÉLICITÉ, SA FÊTE,

Par une Demoiselle qui finit son éducation.

(9) Air : *Chantez, dansez, etc.*

En ce beau jour où vous fêtez
Celle qui forma mon enfance,
Jeunes compagnes, écoutez
La voix de la reconnoissance.
Venez célébrer dans vos chants
Bonté, vertus, esprit, talents.

CHOEUR.

Oui, nous célébrons dans nos chants
Bonté, vertus, esprit, talents.

Félicité, de ses enfans
Voit les défauts et les modère ;
Leur consacrant tous ses instans,
Pour eux elle est une autre mère.
Venez célébrer dans vos chants
Bonté, vertus, esprit, talents.   Choeur, etc.

---

* Mademoiselle d'Iray, sœur de M. le Prévost d'Iray, charmant Chansonnier.

M. Mareschal, *de Vendôme.*

D'UN ENFANT A SA MÈRE,

En lui envoyant les prix qu'il a remportés.

Oui, ces lauriers que je t'adresse,
De mes travaux sont les doux fruits ;
Tu pourras, par une caresse,
Les rendre encor bien plus chers à ton fils.
Je ne parle pas de la gloire
Qui suit la palme du vainqueur ;
Je ne chéris de ma victoire
Que le plaisir d'avoir fait ton bonheur.
En travaillant je pensais à ma mère ;
De remplir ses souhaits mon cœur était jaloux ;
Ma tête s'exaltait par l'espoir de lui plaire ;
Mon avenir était aimable et doux ;
Enfin, c'est moi que vainqueur on proclame ;
Chacun enviait cet honneur ;
Et moi, sous les lauriers, je pensais en mon âme,
A ma mère, à ses soins, à sa joie, à son cœur.

AMIS, AMIES, ETC.

A MON AMIE,

LE JOUR DE SA FÊTE,

En lui offrant une Bague sur laquelle etaient gravés ces mots : *Cœur pour Cœur.*

(5) Air : *Au fond d'un bois la jeune Adèle.*

Pour ta fête, ô femme adorée,
Quelle fleur pourrais-je t'offrir ?
Par elle loin d'être parée,
Tu saurais encor l'embellir.
Accepte plutôt cet emblême,
Ce gage de ma vive ardeur,
Et crois que mon plaisir suprême
Est de te donner cœur pour cœur.

Cœur pour cœur, ma charmante amie,
C'est ce que nous dirons toujours :
Pour le reste de notre vie
Nous avons fixé nos amours.
Nous saurons toujours nous entendre ;
Tu n'aimeras jamais que moi ;
J'en crois ton sourire si tendre ;
J'en crois tes sermens et ta foi.

M. J. BLONDEAU, *de Commercy.*

A CÉCILE F....,

LE LENDEMAIN DE SA FÊTE.

(21) Air : *Bouton de rose.*

A ma Cécile,
Si j'eusse eu l'esprit moins distrait,
Ou la tête un peu plus tranquille,
Hier j'eusse offert un bouquet
 A ma Cécile.

De ma Cécile
Le caractère est indulgent;
Un pardon est toujours facile,
Lorsque l'on a le cœur aimant
 De ma Cécile.

Pour ma Cécile
Unissons nos vœux et nos cœurs;
L'amitié, quel que soit son style,
Peut chanter et cueillir des fleurs
 Pour ma Cécile.

POUR LE LENDEMAIN
D'UNE FÊTE OUBLIÉE.

Air : *Chansons, chansons.*

A chanter le jour de ta fête,
Qu'un autre gravement s'apprête ;
  Auteur badin,
Exempt de soucis et d'alarmes,
Moi, je trouve bien plus de charmes
  Au lendemain.

Le jour, on fait vingt politesses,
Des vœux, des bouquets, des promesses,
  Souvent en vain ;
Mais un cœur fidèle et sincère
Ne peut-il pas aussi les faire
  Le lendemain ?

Si la charmante Dorothée
Par moi n'a pas été fêtée
  Hier matin,
J'ai mon excuse toute prête ;
Vous savez qu'il n'est pas de fête
  Sans lendemain.

A MADEMOISELLE ELISE ***,

Qui me reprochait d'avoir oublié sa fête.

Air : *Traitant l'Amour sans pitié.*

Quand chacun vint, tour-à-tour,
Vous fêter, suivant l'usage ;
Pour vous offrir mon hommage,
Si j'oubliai ce beau jour,
Cessez d'en être surprise ;
Vos attraits, charmante Élise,
Sont cause d'une méprise
Vraiment digne de pardon ;
Trompé par la ressemblance,
J'ai toujours eu la croyance
Que Rose était votre nom.

M. L. L. FAUCHON.

A UNE AMIE,

En lui donnant un Bouquet.

Air : *Le point du jour.*

Au point du jour
Je suis souvent au lit où je sommeille ;
Mais si je dois à son retour
Fêter des amis ou l'Amour,
Le Plaisir alors me réveille
Au point du jour.

Air : *Rli, rlan.*

Aujourd'hui, la chose est certaine,
J'étais debout de grand matin,
Et, chantant jusqu'à perdre haleine,
J'ai mis le voisinage en train.
Toujours pour une bien-aimée
Le cœur parle, et le sentiment
Rli, rlan,
Nous fait aller mèche allumée,
Rlan tan plan, tambour battant.

Air : *D'un bouquet de romarin.*

Vite chez mon jardinier
J'ai couru moi-même ;

Et j'ai de chaque rosier
>Pris les fleurs moi-même.

J'ai fait pour toi ce bouquet,
Et, poursuivant mon projet,
Je voudrais dans ton corset
>Le mettre moi-même.

(4) Air : *C'est le meilleur homme du monde.*

En recevant avec mes vœux,
Ce don permis à ma tendresse,
Eprouves-tu ce trouble heureux
Qu'on n'a pas sans un peu d'ivresse ?
Nul bonheur ne peut approcher,
Sur toute la machine ronde,
De celui qu'on trouve à toucher
La meilleure femme du monde.

Air : *Accompagné de plusieurs autres.*

Force gens viendront en ce jour
Te complimenter à leur tour,
Et faire ici les bons apôtres ;
Eh bien ! dussent-ils en gloser,
Donne-moi ton plus doux baiser,
Accompagné de plusieurs autres.

M. A. J. P. Briand.

LA FÊTE DE L'AMITIÉ.

A MADAME ***.

(4) Air : *Jeunes amans, cueillez des fleurs.*

Les voilà ces heureux instans
Que, dans ma vive impatience,
J'attendais depuis si long-temps
Et qu'embellit votre présence.
Que d'autres célèbrent l'Amour,
C'est sans doute un dieu fort aimable ;
Moi, je célèbre dans ce jour
Sa sœur, mille fois plus aimable.

Tout en faisant notre bonheur,
Le fils de Vénus nous chagrine ;
Mais l'amitié, c'est une fleur
Qu'on cueille sans craindre l'épine.
L'amitié s'accroît chaque jour,
Et chaque jour paraît plus belle ;
Oui, l'hiver même de l'Amour
Est encor le printemps pour elle.

Si l'on voulait à la gaîté
Réunir l'aimable décence,
Et joindre aux traits de la bonté
Ceux de la douce bienveillance ;

En un mot, peindre un cœur parfait,
A toutes les vertus fidèle,
C'est dans vous seule qu'on pourrait
En trouver le parfait modèle.

LE BOUQUET DE L'AMITIÉ.

(2) Air : *Daigne écouter.*

C'est l'amitié, ma chère et tendre amie,
Qui, pour ta fête, offre ici quelques fleurs;
Puissé-je ainsi, chaque jour de ta vie,
Pour toi de Flore épuiser les faveurs!

Dans ce trajet, où tout fuit et tout passe,
Dans cette vie, où tout n'est qu'une erreur,
L'amitié reste et jamais ne s'efface;
Seule elle fait l'existence du cœur.

Madame ***.

A UN AMI.

(13) Air : *Je l'ai planté, je l'ai vu naître.*

Quand du charmant objet qu'on aime
On obtient un juste retour,
On jouit du bonheur suprême;
L'amitié ne vaut pas l'amour.

Mais lorsqu'une amante infidelle
Trahit son amant sans pitié,
La peine alors est trop cruelle,
L'amour ne vaut pas l'amitié.

Il est passé ce temps d'yvresse
Où je disais cent fois le jour,
Aux pieds de ma belle maîtresse :
« L'amitié ne vaut pas l'amour ».

Ami, c'est aujourd'hui ta fête,
Je suis plus heureux de moitié;
Et, le verre en main, je répéte :
L'amour ne vaut pas l'amitié.

POUR LA FÊTE D'UNE AMIE.

(13) Air : *Sur un sofa, dans son boudoir.*

Ta fête pour la politesse
Une fois l'an revient toujours;
Pour l'amitié, pour la tendresse,
Ta fête revient tous les jours.

Les bouquets de la politesse,
N'ont jamais qu'une faible odeur;
Mais ceux offerts par la tendresse,
Ont le parfum qui plaît au cœur.

De sourire à la politesse
Si l'on ne peut se refuser,
L'on doit aux vœux de la tendresse
Accorder au moins un baiser.

M. A. J. P. Briand.

A UNE AMIE.

(5) Air : *Si Pauline est dans l'indigence.*

Dans les vœux que l'on vous adresse
Souffrez que je sois de moitié,
Et qu'aux accens de la tendresse
Je mêle ceux de l'amitié.
A vous fêter quand on s'apprête,
Si l'on goûte tant de douceurs,
C'est qu'avec raison votre fête
En est une pour tous les cœurs.

A UN AMI,

En lui envoyant une Rose et une Immortelle, le jour de sa fête.

(4) Air : *Au sein d'une fleur, tour-à-tour.*

J'ai pour toi cueilli ce matin
Dans les rians jardins de Flore,
Ces fleurs que d'un souffle divin
Son amant avait fait éclore.
Reçois ce tribut de mon cœur,
De l'amitié qu'il soit un gage ;
De sa constante et douce ardeur
Il t'offre la fidelle image.

A MADAME H***,

En lui offrant une Immortelle et une Pensée, le jour de sa fête.

(5) Air : *A voyager passant sa vie.*

Flore pour vous s'est empressée
De cueillir la plus simple fleur;
J'y joins la modeste pensée,
Tribut du plus sensible cœur.
Vos beaux yeux pourraient de la rose
Être sans doute plus flattés;
Mais l'une meurt à peine éclose,
Et l'autre naît à vos côtés.

M. Asselin.

A MADAME ***,

En lui donnant un Bouquet.

C'est l'Amitié qui fit naître ces fleurs;
Souvenez-vous de leur noble origine :
Le sentiment nuança leurs couleurs;
De l'Amitié la rose est sans épine.
Auprès de vous, je le sens chaque jour,
Dans son éclat fraîche et toujours nouvelle,
Elle survit aux roses de l'Amour,
Et l'hiver même est un printemps pour elle.

M. François Mayeur.

A UNE AMIE.

(4) Air : *Ce fut par la faute du sort.*

Je voulais cueillir une fleur
Sur les bords riants du Permesse ;
Mais je n'ai point vu de couleur
Qui pût exprimer ma tendresse.
Si mon cœur était accepté,
Je bénirais votre indulgence,
Car pour fêter votre bonté
Je n'ai que ma reconnaissance.

M. Deville.

A UNE AMIE.

(5) Air : *Guzman ne connaît plus d'obstacles.*

En ce beau jour on se dispose
A vous chanter, à vous fleurir ;
L'Amitié cueillit cette rose,
Et je me plais à vous l'offrir.
D'une rose pour votre fête,
L'hommage n'est point indiscret ;
Et c'est un moyen fort honnête
De vous donner votre portrait.

BOUQUET.

Air : *Sous le nom de l'Amitié.*

Sous le nom de l'Amitié,
Recevez mon hommage,
Recevez mon hommage,
Sous le nom de l'Amitié :
Iris, qu'il soit le gage
D'un cœur qui s'est lié,
Sous le nom,
Sous le nom,
Sous le nom de l'Amitié.

A UNE AMIE.

(1) Air : *Muse des jeux, etc.*

Joli bouquet pour le jour de ta fête,
Plus n'est le temps que l'Amour le faisait ;
Car maintenant est sorti de ma tête
Ce Dieu fripon qui si fort s'y plaisait.
A son défaut, sa sœur va l'entreprendre ;
Peut-être, hélas ! ton cœur y trouvera
Odeur moins douce, et coloris moins tendre ;
Mais le bouquet à jamais durera.

BOUQUET POUR ANGÉLIQUE ***.

(5) Air : *C'est à mon maître en l'art de plaire.*

Simple ornement de la nature,
Violette au parfum si doux;
Sensitive, fleur chaste et pure,
Angélique est digne de vous;
Mais ce n'est pas assez pour elle;
Je place encore à son côté,
Pour ma constance une immortelle,
Une rose pour sa beauté.

M. H. N. C.

A MADAME C....,

En lui envoyant un Bouquet de roses et d'immortelles.

(5) Air : *Du serin qui te fait envie.*

D'Annette, naïve et jolie,
La violette est l'ornement;
Le laurier se donne au génie;
Et l'immortelle au sentiment:
Du doux myrte l'Amour dispose;
Le lys est pour la majesté;
Mais pour vous on cueille la rose,
Elle est le prix de la beauté.

A MADEMOISELLE DE G***,

En lui présentant un Bouquet de roses et d'immortelles.

(5) Air : *Avec les jeux dans le village.*

De ces fleurs, par Zéphire écloses,
Églé, daigne parer ton sein ;
L'Amour pour toi cueillit ces roses,
L'immortelle vient de sa main.
Des fleurs connais-tu le langage ?...
J'ose te l'apprendre en ce jour.
De ta beauté l'une est l'image,
Et l'autre l'est de mon amour.

A UNE AMIE.

(15) Air de *Joconde.*

Quand nous désirons une fleur,
    Si l'Amour nous la cueille ;
Craignons les dons de ce trompeur ;
    L'épine est sous la feuille :
Bientôt cet enfant sans pitié
    Nous pique et nous chagrine :
La fleur que donne l'Amitié
    Est toujours sans épine.

A MADEMOISELLE H....,

Qui m'avait donné une Pensée le jour de ma fête.

(4) Air : *Il faut des époux assortis.*

Pour ma fête, au-lieu de courir
Après le jasmin ou la rose,
Vous venez simplement m'offrir
Une pensée à peine éclose.
C'est tout dire avec une fleur :
Cette pensée en vaut bien d'autres ;
Je vais la placer sur mon cœur ;
On gagne à se parer des vôtres.

TH.^{LE}

A UNE AMIE.

(4) Air : *Au sein d'une fleur, tour-à-tour.*

Si Flore, fuyant les frimas,
A mes désirs n'était rebelle,
J'irais cueillir dans ses états,
Pour ton bouquet une *immortelle.*
En me refusant ses faveurs,
Flore me laisse embarrassée ;
Mais pour suppléer à ses fleurs,
L'Amitié t'offre une *pensée.*

A ÉGLÉ,

En lui envoyant une Pensée.

(4) Air : *Trouverez-vous un parlement ?*

Flore m'a permis ce matin
Le choix des fleurs de son parterre;
Mais j'ai su borner mon larcin
A celle digne de te plaire :
Églé, que par toi cette fleur
Soit accueillie ou méprisée,
N'est-ce pas toujours un bonheur
Que de t'offrir une pensée ?

FIN DE LA PREMIÈRE PARTIE.

SECONDE PARTIE.

FÊTES D'HOMMES.

A UN ANTOINE,
POUR SA FÊTE.

Air : *Va-t-en voir s'ils viennent, etc.*

L'Antoine sans capuchon,
 Qui tous nous rassemble,
A saint Antoine, dit-on,
 Trait pour trait ressemble.
Va-t-en voir s'ils viennent, Jean,
 Va-t-en voir s'ils viennent.

Il aime mieux, nous dit-on,
 En saint, plus qu'en sage,
Les traits d'un petit cochon,
 Qu'un joli visage.
Va-t-en voir s'ils viennent, Jean,
 Va-t-en voir s'ils viennent.

Au talent d'Anacréon
 On dit qu'il préfère
L'esprit de son saint patron,
 Son froc et sa haire.
Va-t-en voir s'ils viennent, Jean,
 Va-t-en voir s'ils viennent.

Et dans la tentation,
   On dit véritable,
Qu'il surpasse son patron,
   Pour narguer le diable.
Va-t-en voir s'ils viennent, Jean,
   Va-t-en voir s'ils viennent.

On dit que d'un pénitent
   Il a bien la mine ;
Mais nous répondrons pourtant,
   Voyant sa cuisine :
Va-t-en voir s'ils viennent, Jean,
   Va-t-en voir s'ils viennent.

Lorsqu'ici nous comparons
   L'un et l'autre Antoine,
On dit que nous préférons
   Celui qui fut moine.
Va-t-en voir s'ils viennent, Jean,
   Va-t-en voir s'ils viennent.

C'EST MA FÊTE.

(14) Air : *De la Croisée.*

Des Muses joyeux nourrisson,
Je suis un rimeur fort aimable;
Je suis un fort joli garçon,
Et j'ai de l'esprit comme un diable.
Je n'ai pas le moindre défaut;
Je fais conquête sur conquête;
Enfin, pour tout dire en un mot,
   C'est aujourd'hui ma fête.

Direz-vous que de mes couplets
Le public ne s'occupe guère;
Que les railleurs et les sifflets
De temps en temps me font la guerre;
Et que le Journal des Débats
M'a quelquefois lavé la tête?
Non, non, vous ne le direz pas,
   C'est aujourd'hui ma fête.

Ne dit-on pas au lourd Martin
Que sa tournure est élégante?
A Manon, qu'elle a l'œil mutin;
A Françoise, qu'elle est charmante?

A Crépin, qu'il a du crédit ;
A Nicaise, qu'il n'est pas bête ?
Mais vous savez qu'on ne le dit
Que le jour de leur fête.

Un jour de fête est un beau jour,
Convenez-en tous à la ronde.
Ce jour-là, chacun, à son tour,
Est le premier homme du monde.
Chantez-moi donc, flattez-moi tous,
Du Parnasse offrez-moi le faîte ;
Amis, j'en descendrai pour vous,
  Le jour de votre fête.

M. Armand Gouffé.

A MONSIEUR DE G***.

(4) Air : *Femmes, voulez-vous éprouver ?*

Si, comme l'a dit un auteur,
C'est une rose que la vie ;
Si, chaque année, à cette fleur
Une feuille, hélas ! est ravie ;
Par un terrible coup de vent,
O Temps cruel ! si tu l'effeuilles,
Que du-moins pour mon cher Armand
Cette rose soit à cent feuilles !

M. Lefilleul.

A MONSIEUR ***,

LE JOUR DE SAINT CHARLES, SA FÊTE.

(4) Air : *Avec vous sous le même toit.*

Ce n'est point à Charles-Martel,
Charles-Magne, Charles-le-Sage,
Ce n'est point à Charles-le-Bel,
Qu'en ce jour je dois mon hommage.
Non, je ne m'adresserai point
A Charles-Quint ou Borromée....
Ma muse te laisse ce soin,
Déesse de la Renommée.

Chacun d'eux a son nom écrit
Sur les tablettes de Mémoire ;
Mais certain nuage obscurcit
Par fois leurs titres à la gloire.
Le Charles que j'aime à chanter,
Ne peut avoir un sort semblable :
Quel écueil doit-on redouter
Quand on aime et qu'on est aimable ?

Sainte Amitié, pour ton héros
Tresse de légères guirlandes ;
Porte à son cœur nos vœux nouveaux,
Fais-le sourire à nos offrandes.
Dis-lui qu'absent comme présent,
A nos souvenirs il doit croire ;
Que le Charles du sentiment
Vaut tous les Charles de l'histoire.

M. REGNAULT-BEAUCARON.

ÉPITRE

A M. LE DUC D***.

POUR LE JOUR DE SAINT CHARLES, SA FÊTE.

Votre Patron mérite bien
Qu'un dévot tel que moi l'encense ;
Mais comme vous êtes le mien,
Vous aurez quelque préférence ;
Je le dois ; la reconnaissance
Est la vertu d'un bon chrétien.
   Avec un zèle opiniâtre,
Le Milanez en divers temps
Vous vit l'un et l'autre combattre,
Mais pour des objets différens.

Vous armâtes vos mains guerrières
Pour soumettre nos ennemis;
Saint Charles jamais n'a soumis
Que le Diable par ses prières.

Il courut des risques pourtant :
Une arquebuse meurtrière,
Lorsqu'il priait dévotement,
Osa l'attaquer par derrière.

Mais vous savez que le bonheur
Accompagne les gens d'église;
Le plomb s'écarte et se divise;
Il en fut quitte pour la peur.

Contre vous la fière Bellonne
Porta ses coups plus sûrement;
Elle fit jaillir votre sang
Sur le laurier qui vous couronne.

Vous affrontâtes le trépas,
Vous le prouvez par vos blessures.
Ce sont là de ces aventures
Que votre saint ne cherchait pas.

Le titre pompeux d'éminence
Paya ses soins épiscopaux;
Hélas! après tous vos travaux,
Pour votre unique récompense,
Vous n'avez qu'un peu de repos;
Mais c'est assez lorsque l'on pense.

C'est assez lorsque, comme vous,
On donne à la philosophie
Les dignes restes d'une vie
Échappée à Mars en courroux.

Qu'en tout temps elle vous console :
Ses fleurs parent mieux votre front
Que cette brillante auréole
Qui décore votre patron.

Souffrez qu'il ait cet avantage
Dans ses tableaux lorsqu'on le peint ;
Il fut jaloux du nom de saint,
Bornez-vous à celui de sage.

Chacun de ces titres est bon
Pour rendre célèbre un grand homme ;
Mais l'un est un bienfait de Rome,
L'autre est le prix de la raison.

L'abbé DE SCHOSNE.

LES CHARLES.

(15) Air : *Du Pas redoublé*.

De saint Charles, avec raison,
    On fête la mémoire ;
Et lui porter dévotion
    Est œuvre méritoire ;
Mais quand Charlot porte son nom,
    Amis, on peut m'en croire,
C'est encore un nouveau rayon
    Qu'il ajoute à sa gloire.

Au trône maints individus
    Se sont appelés Charle ;
Le nôtre vaut les plus connus
    De ceux dont Vély parle.
Charles-le-Simple était trop sot
    Pour être son collègue ;
Et par bonheur notre Charlot
    N'est point Charles-le-Bègue.

Est-ce qu'on le comparerait
    Avec Charles-le-Chauve ?
Ou ce Charles qui ne savait
    Régner qu'en une alcove ?

Plus brave que Charles Martel,
    Moins fou que Charles douze,
Notre Charlot est immortel;
    Jamais il ne se blouse.

J'en pourrais citer maint et maint;
    Sur tous Charlot y gagne;
Il a l'esprit de Charles-Quint,
    L'âme de Charles-Magne :
Mais ce que j'aime avec raison,
    C'est qu'il joigne, à son âge,
Charles-le-Gros, Charles-le-Long,
    Avec Charles-le-Sage.

M. Rauquil-Lieutaud.

POUR LA FÊTE D'UN DENIS.

Air de *la papesse Jeanne.*

A chanter Denis,
Amis, aujourd'hui je m'apprête ;
Non pas ce Denis
Qui dans ses mains portait sa tête,
Aux regards surpris
Des gens de Paris :
Du mien la tête est à sa place,
Et n'en a que meilleure grâce.
Honneur, mes amis,
Au chef de Denis.

Si sa tête, donc,
A merveille sur ses épaules,
Vaut mieux que le tronc
De l'ancien apôtre des Gaules,
Il possède encor
Un autre trésor ;
Et son cœur est, je le soupçonne,
Ce qu'offre de mieux sa personne.
Honneur, mes amis,
Au cœur de Denis.

Le cœur de Denis
Loge l'amitié, la tendresse,
Et pour ses amis
A des vertus de toute espèce ;
Mais il sait en tout
Flatter notre goût ;
Sa cave, de bon vin remplie,
Comme son cœur est accomplie.
Honneur, mes amis,
Au vin de Denis.

POUR LA FÊTE DE SAINT EDME.

Air de *Jean Monnet.*

On dit que le grand saint Edme
En Bourgogne est très-vanté,
Et qu'il est utile même,
Pour avoir postérité ;
Ne va pas
Dans ses lacs
Se laisser prendre ta femme ;
De ton seul amour la flamme
Doit féconder ses appas.

A M. DE LA CHABEAUSSIERE,

LE JOUR DE SA FÊTE (Saint Étienne).

(5) Air de la Romance de *la Ruse inutile*.

J'avais juré que de la vie
Je ne ferais plus de couplets :
A Momus, comme à la Folie,
J'avais dit adieu, sans regrets.
Le Saint qu'ici chacun honore,
A rendu mes vœux superflus :
Hélas ! hélas ! on chante encore,
Quand on dit qu'on ne chante plus.

A voir comme Étienne s'escrime
Dans l'art si chéri des neuf Sœurs,
J'avais juré de fuir la rime,
Qui lui réserve ses faveurs :
Mais au jour que son nom décore,
De nouveau j'invoque Phœbus :
Hélas ! hélas ! on rime encore,
Quand on dit qu'on ne rime plus.

La Gaîté, qui régnait en France,
De jour en jour y perd ses droits :
On peut dire, sans médisance,
Qu'on n'y rit plus comme autrefois :
D'Étienne, que Thalie adore,
Quand les talens nous sont rendus,
Hélas! hélas! on rit encore,
Tout en disant qu'on ne rit plus.

Dans ce siècle où la perfidie
Prend la place de la candeur,
On est à la mysanthropie
Bien tenté de livrer son cœur;
Mais près de l'ami que décore
L'éclat qui s'unit aux vertus,
Hélas! hélas! on aime encore,
Quand on dit tant qu'on n'aime plus.

M. P. A. Vieillard.

AU MÊME.

(6) Air du vaudeville des *Visitandines*.

Aujourd'hui de la foi chrétienne
Nous fêtons le premier martyr :
Du supplice de saint Etienne
Chacun garde le souvenir :
Ainsi donc à La Chabeaussiere
Lorsque l'on fait maint compliment,
Pour le fêter plus dignement,
Moi, je vais lui jeter la pierre.

Loin d'être attiré par la grâce,
A l'exemple de son patron,
Il s'amuse à suivre la trace
De Virgile et d'Anacréon ;
Saint Étienne ouvrit la barrière
Qui nous fermait le Paradis ;
Il nous damne avec leurs écrits....
Mes amis, jetons-lui la pierre.

Mais voyez un peu quelle audace !
Pour ce fils gâté d'Apollon,
C'est peu d'arriver au Parnasse
Avec le chantre de Didon :

Dans le divin art de Molière,
Nouveaux prix lui sont adjugés....
Au nom des *Maris corrigés*,
Mes amis, jetons-lui la pierre.

De Calliope et de Thalie
Non content d'avoir les faveurs,
Euterpe, Erato, Polymnie,
Il les traite comme leurs sœurs.
Pour vaincre sous chaque bannière,
Il faut qu'il ait un talisman....
Au nom encor de *Gulistan*,
Mes amis, jetons-lui la pierre.

Avec cette douce recette
Lorsque nous l'aurons converti,
De tant de pierres qu'on lui jette
Il faudra bien tirer parti :
Mes amis, sur cette matière
En croirez-vous mon sentiment ?
Dressons-en vite un monument
Aux succès de La Chabeaussiere.

M. P. A. Vieillard.

UNE FEMME A SON MARI,

LE JOUR DE SA FÊTE (Saint François).

Air: *L'avez-vous vu, mon bien-aimé?*

Pour cette fois,
C'est à François
Que ma chanson s'adresse;
Mon cœur pour lui
Veut aujourd'hui
Témoigner sa tendresse.

On ne chante guère un mari;
Moi, j'ai mes raisons, les voici :
Je donne au mien,
Par ce moyen,
Un bon exemple à suivre;
Car, entre nous,
A ces époux
Il faut apprendre à vivre.

A sa Muse l'on sait fort bien
Qu'une chanson ne coûte rien;

De ses bouquets,
De ses couplets,
Les bergères du voisinage
Tour-à-tour ont reçu l'hommage.

Pour moi, vraiment,
C'est autrement ;
Jamais je ne l'inspire ;
J'ai beau prier,
Beau supplier,
Et tendrement lui dire :
« Je ne veux qu'un couplet de toi ;
L'ami, fais-le moi, fais-le moi ;
Rien qu'un couplet,
C'est si tôt fait ;
Fais-le moi pour ma fête :
Il reste court ;
Quand c'est mon tour,
L'excuse est toujours prête ».

Tant que nos maris sont amans,
Mesdames, c'est notre bon temps :
Pour nous chanter,
Pour nous fêter,
Leur Muse est toujours en haleine,
Vous en obtenez tout sans peine.

Mais les voilà
Ces messieurs-là,
Quand ils sont en ménage,
Ils sont muets,
Plus de couplets,
Pour eux c'est un ouvrage ;
En six mois ils ont pris leur pli ;
La pauvre femme est dans l'oubli :
Quand elle en a
Par-ci, par-là,
C'est faveur singulière ;
Il lui faut encor pour cela
Préluder la première.

A JACQUES DELILLE,

LE JOUR DE SA FÊTE.

Ton Parrain a commis une erreur qui m'étonne,
Lorsque *Jacques* il t'a nommé ;
Car ton Patron est le fils de Latone,
Et non celui de Salomé.

Au jardin de Jésus, près des sources d'eaux vives,
Jacques avait, dit-on, de fréquens entretiens ;
Mais il aurait quitté le *jardin des Olives*
Pour se promener dans les tiens.

Ton *vaisseau* * vaut bien mieux que sa petite nasse.
Tu fis des vers charmans, et lui de plats sermons:
 Tous deux vous gravissez les monts;
L'un le Calvaire, et l'autre le Parnasse.

Le Saint ne composait épitres ni couplets;
Mais il pêchait d'autant. Le même goût t'entraîne;
 Car tu pêches dans l'Hypocrène,
Et les beaux vers tombent dans tes filets.

Enfin, martyrisé, ton cher Patron expire.
 De son lot ne sois point jaloux :
 Tes palmes, soit dit entre nous,
 Valent bien celles du martyre.

M. MILLEVOYE.

* Voyez la description du vaisseau, dans le poëme de l'*Imagination.*

COUPLETS

CHANTÉS A LA FÊTE DE M. JEAN ***.

Air : *Ça n'se peut pas.*

Le conquérant aime la guerre,
Le marin aime l'océan ;
Ramper pour parvenir à plaire,
C'est ce qu'aime le courtisan ;
Le moine, le plus obscur même,
Aime à régner au Vatican ;
Moins ambitieux qu'eux tous, j'aime
    Mon ami Jean.

Vive l'empire monarchique !
Du royaliste est le refrain.
Vive à jamais la république !
Est celui du républicain.
Le mien, moins bruyant, plus paisible,
De la joie est le talisman ;
Surtout, il part d'un cœur sensible ;
    C'est vive Jean !

Le fat embrasse la coquette,
La sèche Églé son perroquet;
L'avare baise sa cassette,
La dévote son chapelet.
De tels baisers ne peuvent plaire;
Du cœur ils ne sont point l'élan.
J'en propose un bien plus sincère :
     Embrassons Jean.

LA SAINT JEAN.

Air : *Nous n'avons qu'un temps à vivre.*

De fleurs ornons notre tête,
C'est le plus beau jour de l'an ;
Amis, il n'est point de fête
Comparable à la Saint Jean.
Quand la Toussaint a fait entendre
Ses sons lamentables dans l'air,
La Saint Martin vient nous apprendre
Qu'elle nous amène l'hiver.
   De fleurs, etc.

Le jour des Rois, couvert de neiges,
Nous enrhume avec son gâteau :
Saint Nicolas plaît aux collèges ;
Mais il est le patron de l'eau.
   De fleurs, etc.

Quarante jeûneurs au teint blême,
De mardi gras suivent les jeux.
Pâques succédant au carême,
Aux jambons mêle encor ses œufs.
   De fleurs, etc.

Que la Pentecôte déploye
Dans Versailles ses rubans bleus ;
La Saint Jean, par des cris de joie,
Etincelle et brille en tous lieux.
   De fleurs, etc.

La vigne partout festonnée
Promet déjà son jus divin :
Aucune fête de l'année
Ne pourrait se passer de vin.
   De fleurs, etc.

Les bois, les moissons, la verdure,
Tout rit à nos regards contens,
Et le soleil, sur la nature
Promène son char plus long-temps.
   De fleurs ornons notre tête,
   C'est le plus beau jour de l'an ;
   Amis, il n'est point de fête
   Comparable à la Saint Jean.

M. J. G. Thierriat.

ÉPITRE

A M. JANIN DE COMBE-BLANCHE,

POUR LE JOUR DE LA SAINT JEAN, SA FÊTE.

Votre illustre Patron par vous est imité ;
  Mais vous différez l'un de l'autre ;
  De la morale il fut l'apôtre,
  Et vous l'êtes de la santé.
Sa voix dans le désert souvent s'était perdue :
  La voix de vos savans écrits
  Dans l'Europe fut entendue,
De Londres à Milan, et de Vienne à Paris.
  Avant-coureur d'un grand mystère,
Saint Jean le révélait aux peuples étonnés :
  Par un prodige salutaire,
Vous révélez le monde à des aveugles nés.
  Prophète, il prédit la lumière :
  Vous faites plus, vous la donnez.
Hérode au saint Patron rendit peu de justice :
La fille des Césars, l'auguste Impératrice
  Thérèse par des dons brillans

Rendit hommage à vos talens.
Mais jamais homme (ouvrez l'histoire)
N'obtint impunément les vertus et la gloire.
Il faut toujours qu'au bien se mêle un peu de mal.
Pour amuser une Princesse
Après la fatigue du bal,
(Quoi donc! la cruauté s'allie à la molesse!)
Le Patron fut décapité.
Vous, quand des ennemis vous ont persécuté,
Plus heureux que le Saint dont nous chomons la fête,
De traits victorieux armant la Vérité,
Vous n'avez point *perdu la tête;*
Enfin il fut martyr, et vous ne l'êtes pas.
Je vous vois dans le sein d'un tranquille hermitage,
D'où, ranimant votre courage,
Vous livrez à l'erreur de glorieux combats.
En vous on chérit l'homme, on respecte le sage;
Sur vos rians gazons l'Amitié suit vos pas.
Au Shakespir français échappé du trépas,
Qui sut par des accens si doux et si terribles,
Intéresser les cœurs sensibles,
De votre art bienfaisant vous prodiguez les soins.
Déserts de Chambéry, vous en fûtes témoins!
Sophocle eut dans vos jours le destin d'Hippolyte.
Sur des monts escarpés, dont l'effroyable sîte
Du voyageur glace les sens,

Ses yeux ont vu ses coursiers frémissans *,
  Et qu'un aveugle instinct irrite,
  De rage et de peur bondissans,
Braver du conducteur les efforts impuissans,
Et rebelles aux mors précipiter leur fuite
  Sur les rochers retentissans ;
Ses yeux ont vu son char suspendu sur la cime
  Des précipices menaçans,
  Prêt à rouler dans leur abîme.
  Lui-même, d'horreur palpitant,
Entre la mort et lui ne voit plus qu'un instant.
  Déjà l'abîme se découvre
  A son regard épouvanté,
Quand par un choc affreux de son char qui s'entr'ouvre,
Sur la pointe des rocs il roule ensanglanté.
  Son œil se ferme à la clarté ;
  Et dans ses canaux arrêté,
  Le sang, qui dans son corps agile
D'un battement égal mesurait la santé,
Déjà ne frappe plus son artère immobile.
Sans couleur et sans vie il demeure étendu.
Une femme éplorée, un vieillard éperdu,
  Vers lui pressant leur pas débile,
Et penchés sur ce corps pâle et défiguré,

* Accident arrivé à M. Ducis, qui allait rejoindre M. Thomas à Chambéry.

Ont cru ses yeux couverts d'éternelles ténèbres;
Ont cru ne lui devoir que l'asile sacré,
Et les derniers accens et les adieux funèbres.
   Enfin leurs soins compatissans,
    O transports! ô bonheur suprême!
   Par degrés raniment ses sens;
Les cieux l'ont conservé pour sa fille qui l'aime,
   Et pour sa mère et pour moi-même.
Il renaît; mais hélas! il renaît pour souffrir.
Aux cris de sa douleur prompt à vous attendrir,
Mon ami tout-à-coup est devenu le vôtre.
   Vous nous avez plaints l'un et l'autre;
    Avec moi daignant accourir,
Vous vintes l'arracher à ce désert sauvage.
   J'ai pu le voir et l'embrasser;
J'ai senti dans mes bras ses bras s'entrelacer,
   Et ses pleurs baigner mon visage.
Sous vos toits aujourd'hui nous respirons tous deux;
Son œil se r'ouvre au jour, son cœur à l'espérance;
Il voit fuir de son lit l'importune souffrance.
De ses membres froissés et long-temps douloureux
Votre main délicate adoucit la blessure,
   Et leur livide meurtrissure
D'un souvenir cruel n'avertit plus mes yeux...
Qu'un ami qui renaît devient plus cher encore!
Mon cœur croit le chérir pour la première fois.

Chaque matin où je le vois,
Du plus beau de mes jours me semble être l'aurore.
Charmé lui-même, oui, je le sens,
Le soir dans votre aimable et paisible retraite,
Quand les zéphirs rafraîchissans
De vos fleurs jusqu'à lui viennent porter l'encens,
Il goûte à respirer une douceur secrète.
La vie a des attraits pour des cœurs innócens.
Qui peut haïr la vie est mal avec soi-même.
Douce vertu, celui qui t'aime,
De la nature, en paix sait goûter les présens....
De mon ami c'est le partage,
C'est le vôtre. Sous cet ombrage,
Entouré de cœurs satisfaits,
Que votre cœur soit sans orage ;
Trouvez le bonheur dans l'image
Des heureux que vous avez faits.
L'Hyménée, exempt de nuage,
Pour vous du tendre Amour a conservé les traits ;
Tout votre art, votre bien, du pauvre est l'héritage ;
Quelle douleur en vain vous implora jamais ?
Il n'est plus d'indigens près de votre retraite.
D'un ami des humains goûtez la douce paix :
Quand tous vos jours sont des bienfaits,
Vous méritez aussi qu'ils soient des jours de fête.

THOMAS.

A M. DE FORMONT,

POUR LA SAINT JEAN, SA FÊTE.

Point ne fuyez quand quelqu'un vous appelle,
Comme le chien de feu Jean de Nivelle;
Vous ne tenez en rien de Jean de Vert;
N'êtes le Jean qui prêchait au désert;
Et quand parlez, votre aimable faconde
D'admirateurs près de vous range un monde;
N'êtes vêtu ni de peau ni de jonc;
Eh! par saint Jean! quel Jean êtes-vous donc?
Sans épuiser des Jean la kyrielle,
Vous effrayant de quelque vilain nom,
N'aimez-vous pas bon conte et ritournelle?
Au-moins, me semble, en avez le renom;
De plus, riez de la folie humaine;
Vers naturels coulent de votre veine;
Partant me faut chercher votre Patron
Entre ces Jean fêtés sur l'Hélicon,
Entre Lulli, Molière et La Fontaine.

De Cideville.

A M. DE LALANDE,

LE JOUR DE SAINT JÉRÔME, SON PATRON.

Air : *Ah ! dam', Cadet, etc.*

Connaissez-vous dans ce canton
Certain savant, bon compagnon,
Qui de Copernic ou Newton
    Fait bien le second tome ?
    On devine son nom ;
    C'est monsieur Jérôme.

Comme un chantre lit au lutrin,
Dans les cieux il vous lit en plein ;
Qu'une comète aille son train,
    Crac, vite il vous l'empaume :
    Ce n'est qu'un tour de main
    Pour monsieur Jérôme.

L'astre qu'il observe encor plus,
C'est la planète de Vénus.
Tous ses aspects sont biens connus
    De ce grand astronome :
    Les cieux sont toujours nus
    Pour monsieur Jérôme.

Il raisonne comme un Platon,
Et n'agit point comme un Caton;
Moi, je trouve qu'il a raison;
 Caton fut trop sauvage:
 C'était un furibond;
 Jérôme est un sage.

DE LA DIXMERIE.

POUR LA FÊTE D'UN LOUIS.

(5) Air : *Si Dorilas médit des femmes.*

Lorsque l'Amour et la Nature
A Louis offrent un bouquet,
Mon zèle en cette conjoncture
Ne doit pas demeurer muet.
Mais n'est-il pas trop téméraire
A moi, de suivre ce projet?
Parler d'or serait nécessaire
Pour traiter un pareil sujet.

Heureux époux, comme heureux père,
Toujours digne de son bonheur,
Louis du sort le plus prospère
Trouve le gage dans son cœur.
Chez moi, l'amitié la plus vraie
De la sienne devient le prix :
Qui pourrait en fausse monnaie
Payer un aussi bon Louis?

Par son esprit il sait nous plaire;
Ami constant de la gaîté,
Chez Momus ainsi qu'à Cythère
Il mérite d'être cité.

Par les qualités de son âme
Il sait briller bien plus encor;
Pour ses amis et pour sa femme,
Oui, Louïs vaut son pesant d'or.

A UN LOUIS.

Air : *Vive le vin ! vive l'amour !*

Vive Louïs ! vive Louïs !
Par des prodiges inouis
Il n'a pas mérité la gloire;
Dans le grand livre de l'Histoire
Ses hauts faits ne sont pas écrits;
Mais dans le cœur de fidèles amis
Il a son temple de Mémoire.

M. Antonin G***.

LES LOUIS ET LES AMIS.

A MON AMI LOUIS D***.

Air : *Mon père était pot.*

Qu'ils sont rares les bons louis !
  Combien peu l'on en trouve !
Qu'ils sont rares les bons amis !
  Tous les jours on l'éprouve ;
    Je me réjouis
      Quand j'ai des louis ;
  Mais si cela contente,
    Fêter des amis
      M'est d'un plus grand prix ;
  Je ris, je bois, je chante.

Des faux amis, des faux louis,
  Méfiez-vous sans cesse ;
On en voit beaucoup à Paris ;
  Très-commune est l'espèce.
    Les vrais bons amis,
    Les vrais bons louis

Sont bien rares sur terre :
　　Pour échantillon
　　Prenez Louïson,
Vous ne pouvez mieux faire.

Ce Louïs est un vrai trésor,
　　C'est chose très-certaine ;
Ce Louïs vaut son pesant d'or,
　　Cela se croit sans peine.
　　　J'aime les louïs ;
　　　Pourtant je jouis
　　Lorsque je les échange ;
　　　Mais pour celui-ci,
　　　C'est un bon ami,
　　Je perdrais trop au change.

M. J. E. Despréaux.

A LOUIS DESFAUCHERETS,

AUTEUR DU *Mariage secret.*

(4) Air : *Ce fut par la faute du sort.*

Louïs fut la fête des rois ;
On la célébrait chaque année ;
Mais l'Amitié garde ses droits,
Et n'a pas été détrônée.
Chantons Louïs, et de grand cœur !
Cet avis n'est-il pas le vôtre ?
Il n'est pas roi, pour son bonheur ;
Il est notre ami, pour le nôtre.

Chacun sait bien tout ce qu'il vaut,
Et ne sait pas tout ce qu'il donne.
Tout mortel a plus d'un défaut ;
Il n'en a qu'un, qu'on lui pardonne.
Il est quelquefois indiscret,
Ma franchise ne peut le taire ;
Car le *Mariage secret*
Est connu de toute la terre.

Sur lui je ne dirai plus rien,
Et ma voix serait indiscrète;
Car, lorsque j'en dirais du bien,
Chacun dirait : « Il me répète ».
Heureux l'Auteur de tous les temps,
Qui mérite tous les suffrages,
Qui fait des ouvrages charmans,
Et qui vaut mieux que ses ouvrages.

M. A. C.

IMPROMPTU
POUR UN NICOLAS.

Air : *Et voilà comme, et voilà justement.*

Vous savez bien, mes chers amis,
Qu'il faut des coqs pour cocher nos poulettes;
Vous savez bien qu'il faut des nids
Pour loger aussi leurs petits;
Vous savez bien que nos fillettes
Forment des lacs où nous sommes tous pris;
Or, de ces nids, de ces coqs, de ces lacs,
L'Amour a formé Nicolas.

M. le Chevalier DE BOUFFLERS.

L'ÉLOGE DU PLEIN,

POUR LA FÊTE DE M. PIERRE DESAUGES.

Air : *Repas en voyage*, ou *vive le Bourgogne*.

Pour notre ami Pierre
 Faisons
Sauter les bouchons;
 Buvons
 A *plein* verre,
Quand nous le fêtons.

L'air, la terre et l'onde
Sont *pleins* à la ronde;
Tout est, dans le monde,
Rempli de son auteur.
 Certain philosophe
 D'une rare étoffe,
 Dit, dans mainte strophe,
Le *vide* est une erreur.
 Pour notre ami Pierre, etc.

Puisqu'en leur ivresse,
Mus par la tendresse,
Tous nos cœurs sans cesse

Pour lui sont *pleins* d'amour,
   Nous pouvons, j'espère,
   En ce jour prospère,
   Et sans lui déplaire,
Répéter tour-à-tour :
   Pour notre ami Pierre, etc.

Quand *plein* d'indulgence,
   Plein de prévenance,
   Pierre, avec constance
Accueille ses amis,
   Ils doivent, je pense,
   Pleins de confiance,
   Dire en sa présence,
Dans ces momens chéris :
   Pour notre ami Pierre, etc.

La tête ou la bourse,
   Vides sans ressource,
   De l'Aurore à l'Ourse
Sont de mince valeur.
   Ah ! dit mainte femme,
   Celui qui m'enflamme
   Doit remplir mon ame ;
J'ai le *vide* en horreur !
   Pour notre ami Pierre, etc.

Quand *vides* d'espèces
Mondor voit ses caisses,
Ses tendres maîtresses
Lui retirent leur cœur.
Du buveur avide
Que la gaîté guide,
La bouteille *vide*
Suspend la belle humeur.
Pour notre ami Pierre, etc.

Mais l'ami fidèle
Que ce jour appelle,
Tout *plein* de son zèle,
Quand il te fête ici,
Déclare sans feinte,
Sans art, sans contrainte,
Qu'il est *plein* de crainte
D'avoir mal réussi.

Pour notre ami Pierre
Faisons
Sauter les bouchons;
Buvons
A *plein* verre,
Quand nous le fêtons.

M. F. Mayeur.

LES PIERRES.

(5) Air du Petit Matelot.

Ce rubis qu'une main jolie
Souvent étale avec orgueil,
Qu'est-il? une pierre polie
Dont le vif éclat charme l'œil.
Pygmalion, ta Galatée
Séduisant tes yeux attendris,
Prouvaient à ton âme agitée
Que les pierres ont bien leur prix.

La pierre de touche est fidelle;
Celle d'aimant veut s'attacher;
Et l'amoureux caillou recèle
Un feu tout prêt à s'épancher;
Mais parmi les Pierres qu'on cite,
J'en connais qui, par leur bonté,
Des pierres ont tout le mérite,
Sans en avoir la dureté.

COUPLETS

Chantés dans une société de parens et d'amis, le jour de la Saint Pierre.

Noté n.º 24 du *Chansonnier des Grâces* de 1810.

Air : *A jeun je suis trop philosophe* (de Lantara).

Dans ce salon qui nous rassemble
Pour fêter un digne patron,
Avec transport, mon œil contemple
Une si douce réunion.
De ton emploi, Muse, montre-toi fière;
Ici le cœur est de moitié;
Et parmi nous la fête de saint Pierre
Est la fête de l'Amitié.

Joyeux amans de la folie,
De la raison graves amis;
Du vin l'influence jolie,
En ces lieux fait naître les ris.
Ah! remplissez.... oui, remplissez mon verre;
Avec moi soyez de moitié;
Et que Bacchus pour célébrer saint Pierre
Prête sa verve à l'Amitié.

Oui, tous ensemble il nous faut boire
    Au maître de cette maison;
    De l'aimer chacun se fait gloire :
    A l'envi célébrons son nom.
En ce beau jour liberté tout entière,
    Et point d'indulgence à moitié,
Si par hasard la fête de saint Pierre
    Tournait la tête à l'Amitié.

M. P. Regn....

POUR LA FÊTE D'UN PIERRE.

Air : *Des Fraises.*

Amis, donnons une fleur
    Au plus aimable Pierre.
Nos Crésus, sur mon honneur,
Devraient tous avoir le cœur
    De Pierre.

Si Dieu, quittant son courroux,
    Exauçait nos prières,
Pour nous faire un sort bien doux,
Il ferait pleuvoir chez nous
    Des Pierres.

A M. PIERRE LETOURNEUR,

LE JOUR DE SA FÊTE.

(3) Air : *Je suis Lindor, etc.*

Mes chers amis, vous aimez notre Pierre,
Et je crois fort que vous avez raison ;
Connaissez-vous la petite maison
De cet ancien, au cœur droit et sincère ?

De bons amis il la voulait bien pleine,
C'est pour cela qu'étroite il la bâtit ;
Je ne sais pas ce qu'ensuite il en fit :
A-t-on détruit un si charmant domaine ?

Non : à Mont-Rouge on revoit cet asile ;
L'hôte s'écrie : « Amis, serrez les rangs ;
Ils sont ouverts dans le palais des grands ;
Rétrécissez encor mon domicile ».

J'estime fort le Patron de l'Église ;
Mais le Patron à qui je suis lié
Aucun de nous n'a jamais renié ;
Souhaitons-lui la barbe longue et grise !

L'un est là-haut, tenant d'une main forte,
Les larges clés des célestes lambris;
L'autre ici-bas s'estime en Paradis,
Quand l'Amitié vient entr'ouvrir sa porte.

D'un doux baiser on lui donne l'exemple;
On lui sourit, et jamais à moitié;
Gloire au Patron de la tendre Amitié!
Et damné soit l'infidèle à son temple!

Du beau talent dont la France est charmée
Nous aurions pu parler ici bien haut;
Laissons au Temps à parler comme il faut :
Sans bruit le sage attend sa renommée.

M. MERCIER.

A L'AMIRAL VILLARET-JOYEUSE,

LE JOUR DE SAINT THOMAS *.

Chacun sait que votre Patron,
Grand philosophe, quoiqu'apôtre,
N'humilia point sa raison
Devant ce qui confond la nôtre ;
Quand on lui dit que du tombeau
L'homme-Dieu rappelant sa vie,
Avait, par un art tout nouveau,
Vaincu le trépas et l'envie,
Le Saint, très-subtil raisonneur,
Doutant des succès de son maître,
Se montra froid comme un docteur,
Et têtu comme un géomètre.
Mais enfin quand le roi des cieux,
Pour dompter sa foi mutinée,
Non content d'éclairer ses yeux,
S'offrit à sa main étonnée,
Il crut. Ses sens furent frappés,
Et c'est assez, quoiqu'on en glose :
Combien de gens se sont trompés,
En mettant le doigt sur la chose !

* Ces vers ont été faits pendant la traversée de l'armée française pour Saint-Domingue.

Or, d'après nos mœurs et nos goûts,
Ce grand exemple est fort commode ;
Et saint Thomas devient chez nous
Le patron le plus à la mode.
Paris est plein de ces savans
Qui doutent de tout par prudence,
De tout, hormis de leurs talens,
Dont ils ont seuls la connaissance.
Dites-leur qu'un mortel fameux
Rassemble sur l'onde perfide
Et confie aux vents orageux
La Gloire et la Beauté timide ;
Que, par ses ordres souverains,
Un vaisseau, l'orgueil de Neptune,
Va sur les bords américains
Porter la France et sa fortune ;
Que, dans ses flancs tumultueux,
Sont réunis par le génie,
Un marin sage et vertueux
Qui de la Liberté bannie
Partagea l'exil glorieux ;
Ami des beaux arts et des grâces ;
D'esprit, de cœur vraîment français ;
Toujours égal dans ses disgrâces ;
Toujours plus grand que ses succès ;
Un chef qui, né pour la victoire,

En reçut le nom au berceau *,
Et qui n'a point borné sa gloire
A mériter un nom si beau;
En qui le héros de la France
Trouvant un frère pour l'honneur,
Pour les talens et la vaillance,
Choisit un frère pour son cœur;
Enfin, une femme charmante,
Plus douce encor que ses attraits;
Dont la beauté noble et touchante
Réfléchit l'âme dans ses traits;
Et qui, d'une main empressée,
Caressant le front d'un guerrier,
Semble une rose balancée
Sur le feuillage d'un laurier :
Témoins d'un si rare assemblage,
Allez l'annoncer à Paris,
Je suis bien sûr qu'un froid souris,
Et quelques grains de persiflage,
De vos discours seront le prix.
Enflés de leur morgue sceptique,
J'entends d'ici nos esprits forts
Assurer, d'un ton dogmatique,
Que la Seine, loin de ses bords,
N'a point vu ce prodige unique.

* Victoire-Emmanuel Leclerc.

Que serait-ce si, persistant
A braver leurs doutes rebelles,
Vous disiez qu'un château flottant
Renferme des amis fidèles;
Que lorsque ces mâts voyageurs
Semblent défier les tempêtes,
N'ayant pas même quelques fleurs,
On ose y célébrer des fêtes;
Et qu'enfin, malgré ce tableau,
Qui doit élever la pensée,
On fait sur ce même vaisseau
Des vers plus mauvais qu'au Lycée?
Paris entier, n'en doutez pas,
Vous répondrait : « C'est incroyable. »
Les disciples de saint Thomas
Traiteraient nos récits de fables.
Mais il vous reste des moyens
De confondre leur vaine audace;
Nommez à ces fiers citoyens
Les chefs dont vous suivez la trace:
Ces noms que l'Europe connaît,
De vos récits seront le gage,
Et, pour prouver le dernier fait,
Il ne faudra que mon ouvrage.

ESMENARD.

A MONSIEUR ***,

POUR LE JOUR DE SA FÊTE.

Au pied du mont sacré que l'Hypocrène arrose,
Je formais un bouquet digne de votre main ;
Il n'était composé ni d'œillet, ni de rose,
  Ni de myrte, ni de jasmin :
Tout cela passe et meurt du jour au lendemain :
Ma guirlande n'était que de fleurs immortelles.
Je peignais à mon gré les vertus les plus belles
  Que peut loger le cœur humain :
  La fermeté victorieuse
  Des coups du rigoureux destin;
Dans ses propres malheurs l'esprit calme et serein ;
 Pour ceux d'autrui la pitié généreuse;
  Je faisais votre éloge, enfin,
  Quand tout-à-coup j'ai vu paraître
  Une jeune et tendre Beauté,
  Qu'à sa noble simplicité
  Je n'eus pas de peine à connaître.
  Une aimable sérénité
Sur son front rougissant paraissait répandue ;
  Elle baissait un peu la vue;

Devant elle l'Orgueil fuyait épouvanté ;
D'un habit de bergère elle était revêtue :
Rien ne brillait sur elle, hors sa divinité,
Qui n'éclatait que trop, quoique ainsi travestie :
Faut-il vous la nommer ? Pouvez-vous à ces traits
   Méconnaître la Modestie,
  Vous qui ne la quittez jamais ?
Laissez, m'a-t-elle dit avec une voix douce,
   Tous ces éloges superflus ;
Plus un cœur en est digne, et plus il les repousse :
   Les vôtres seraient-ils reçus ?
Le respect sur le zèle emporte la balance :
A ce qu'elle a voulu je suis déterminé,
   Et j'obéis sans violence ;
   Elle me condamne au silence,
  Et je me tais : que d'ouvrage épargné !

PIRON.

UNE FEMME A SON MARI

QUI REVENAIT DE L'ARMÉE, LE JOUR DE SA FÊTE.

(16) Air : *Que ne suis-je la fougère !*

Voici la première fête
Qu'a pu chanter mon amour ;
Et le premier tête-à-tête
Que m'a donné ton retour ;
Le plaisir que je m'apprête
Pour témoins n'a que mes yeux.
Tu fêteras qui te fête ;
C'est donc la fête à tous deux.

Du doux nœud qui nous engage
Ce jour accroît le bonheur ;
Dans tes yeux je vois l'image
Des plaisirs que sent mon cœur ;
Mais si le jour doit nous plaire,
La nuit comblera nos vœux ;
L'Amour y verra, j'espère,
Son bouquet entre nous deux.

LAUJON.

A M. PEYRON,

LE JOUR DE SA FÊTE,

En lui présentant une corbeille de fleurs dans laquelle se trouvait une couronne de laurier.

(4) Air : *J'étais bon chasseur autrefois.*

Ce mélange assez singulier,
Ne l'est pas autant qu'on le pense;
Le Peintre a, comme le Guerrier,
Un laurier pour sa récompense.
Ainsi, divisant par moitié
Ce bouquet que ma main vous donne,
Les fleurs seront pour l'amitié,
Et pour vos talens la couronne.

M. Sébastien LEROY.

LE BOUQUET D'UNE AMIE.

Musique de Méhul, notée n° 10, du *Chansonnier des Grâces* de 1808.

Pour fêter en ce jour
Le mortel dont l'amour
Fait ma plus douce jouissance,
Sans recourir à l'art trompeur,
Je dois laisser s'échapper de mon cœur
La voix de la reconnaissance.

Oui, cette voix, toujours,
Mieux que de longs discours,
Doit plaire à l'objet que l'on aime;
Toi, que je brûle de fêter,
Entends, ami, mon cœur te répéter
Qu'il te doit son bonheur suprême.

Que les dieux, de tes jours
Éternisent le cours,
Au gré de mon ardeur extrême!
Que tous tes momens soient heureux!
Lorsque pour toi je forme de tels vœux,
Ah! je les forme pour moi-même.

M. DE SAINT-AMANT.

A UN MARI,

PAR UNE JEUNE FEMME,

Offrant à son mari, le jour de sa fête, un tableau où elle était représentée avec ses filles.

Quel plus riche bouquet aviez-vous droit d'attendre ?
Vos filles et leur mère ! Ah ! j'offre, cher époux,
 Ce que l'Hymen a de plus doux,
 Ce que l'Amour a de plus tendre.

IMBERT.

A M. LE COMTE DE BUSSI,

LE JOUR DE SA FÊTE.

(13) Air : *Je l'ai planté, je l'ai vu naître.*

Bussi, toi pour qui je respire,
Quel don te faire ? Je n'ai rien :
De mon cœur en t'offrant l'empire,
C'est me faire honneur de ton bien.

Madame la Comtesse DE BUSSI.

FÊTES DE FEMMES.

STANCES

A MADEMOISELLE DE B***.

Tout à mes yeux me peint Adélaïde :
L'aimable et séduisant portrait !
Partout je la vois trait pour trait.
Mon esprit de plaisirs avide,
Voit sans cesse ce qui lui plaît.

Lorsque je sors, les yeux d'Adélaïde
Sont le soleil qui me conduit ;
Pendant les horreurs de la nuit
C'est l'astre brillant qui me guide :
Partout son image me suit.

Lorsque j'écris, le nom d'Adélaïde
Sous ma plume vient se placer.
J'aurais beau vouloir l'effacer,
Ma main, que le tendre Amour guide,
Est toujours prête à le tracer.

Lorsque je dors, je vois Adélaïde
    Comme si je ne dormais pas ;
    Je vois ses grâces, ses appas,
    Ses traits en qui l'Amour réside ;
    Quand je dors, que ne vois-je pas !

Je vois encor ma chère Adélaïde
    Se rendre sans peine à mes vœux ;
    Je la vois approuver mes feux ;
    Et moi je deviens moins timide :
    Quand je dors, que je suis heureux !

M. le Chevalier DE BOUFFLERS.

A M.me LA COMTESSE DE ***

(22) Air : *Pour la Baronne.*

Adélaïde
Semble faite exprès pour charmer ;
Et, mieux que le galant Ovide,
Ses yeux enseignent l'art d'aimer
    Adélaïde.

    D'Adélaïde,
Ah ! que l'empire semble doux !
Qu'on me donne un nouvel Alcide,
Je gage qu'il file aux genoux
    D'Adélaïde.

    D'Adélaïde
Fuyez le dangereux accueil ;
Tous les enchantemens d'Armide
Sont moins à craindre qu'un coup-d'œil
    D'Adélaïde.

    D'Adélaïde
Quand Amour eut formé les traits,

Ma foi, dit-il, la cour de Gnide
N'a rien de pareil aux attraits
  D'Adélaïde.

  Adélaïde,
Lui dit-il, ne nous quittons pas ;
Je suis aveugle, sois mon guide ;
Je suivrai partout, pas à pas,
  Adélaïde.

Marmontel,

A Mlle ADÈLE E***,

Après avoir entendu un *quatuor* de sa composition, le jour de sa fête.

(6) Air du vaudeville de l'*Avare et son Ami.*

Dans le temple de l'Harmonie
Qui ne se croirait transporté?
Sans doute ici par Polymnie
Le nom d'Adèle est emprunté.
Fidelles à suivre ses traces,
Afin de nous enchanter mieux,
Les Muses, en elle, à nos yeux,
Font alliance avec les Grâces.

Tandis que l'oreille étonnée
Admire ses accords brillans,
Son nom consacre la journée
Qu'elle embellit par ses talens.
Lorsqu'Adèle devait s'attendre
Aux fleurs que sa fête promet,
C'est elle qui donne un bouquet
A tous ceux qui peuvent l'entendre.

M. P. A. Vieillard.

A Mlle AGATHE DE ***,

POUR SA FÊTE.

Air : *Babet m'a su charmer.*

Si tu veux imiter,
Agathe, ta Patronne,
Il faut te contenter,
Comme elle, d'être bonne.
   Joins à sa douceur
   Cette aimable humeur
Que la vertu respire ;
Mais ne sois sainte de long-temps ;
Et pour qu'on te fête céans,
Garde-toi bien d'être à trente ans,
   Ni vierge, ni martyre,
   Ni vierge, ni martyre.

M. DE QUERLON.

A AIMÉE.

(2) Air : Daigne écouter, etc.

Que votre nom, aimable et jeune Aimée,
Avec mon cœur se trouve bien d'accord !
Quand vos parens vous ont ainsi nommée,
Dans l'avenir ils lisaient votre sort.

Ce mot si vrai vous dit que tout vous aime ;
Du sentiment il est l'expression ;
En vous voyant, l'Indifférence même
Eût deviné que c'était votre nom.

A tous les cœurs ce doux nom vous annonce,
Et c'est le seul digne de vos appas ;
Quand, par hasard, la bouche le prononce,
Le sentiment vous l'applique tout bas.

C'est pour l'Amour que vous fûtes formée ;
Bouton naissant, ouvrez-vous au Zéphyr !
L'âge d'aimer est celui d'être aimée,
Et votre nom vous presse d'en jouir.

Sur l'avenir dissipez vos alarmes,
Vous n'aurez point à pleurer vos beaux jours ;
La main du Temps peut bien flétrir vos charmes ;
Mais votre nom vous conviendra toujours.

A M.lle ALEXANDRINE SAINT-AUBIN.

(5) Air : *J'ai vu partout dans mes voyages.*

De votre patron Alexandre
Vous avez les goûts destructeurs ;
Il mettait les villes en cendre,
Et par vous brûlent tous les cœurs.
Songez donc aux maux que vous faites,
Ou tâchez d'avoir moins d'attraits :
On ne doit aimer les conquêtes,
Que pour rendre heureux ses sujets.

M. VIAL.

A ALEXANDRINE.

Air : *Fournissez un canal au ruisseau.*

En dépit de l'hiver et des vents
  Qui viennent dépouiller la terre,
L'Amour garde un arrière printemps,
Et de fleurs tient pour vous une serre ;
  Il vous les prodigue à foison
  Dans la plus aimable des fêtes :
  Nous voyons régner où vous êtes
    Toujours la belle saison.

Les fleurs du Pinde ont plus de parfum ;
  Mais il faut qu'elles soient choisies ;
Sans quoi c'est un présent bien commun,
Qui vaut moins que l'herbe des prairies :
  Apollon cueille ces bouquets,
  Et souvent il en fait cachette ;
  Mais pour vous toujours il nous prête
    La clé des divins bosquets.

Mes amis, de plaire on est certain,
  Qu'on la chante ou qu'on parle d'elle ;
Le nom d'Alexandrine en refrain,
Donne à l'air une grâce nouvelle ;

Mais lorsqu'on vante ses façons,
Ses beaux yeux, sa taille légère,
Sa gaîté, son talent de plaire,
Ce ne sont point des chansons.

LEMIERRE.

QUATRAIN

POUR LA FÊTE DE Mme ALEXANDRE LAMBERT.

Femme aimable est chose divine ;
L'encens doit être son bouquet :
Canonisons tout ce qui plaît,
Et disons : Sainte Alexandrine.

M. DE PARNY.

A MADEMOISELLE THOMAS.

Lorsqu'on vous fête, acceptez cette rose.
Tout est charmant dans cette aimable fleur,
Tout, son parfum, sa forme, sa couleur,
Même son nom. Modeste et demi-close,
C'est dans vos champs pour vous qu'elle est éclose.
Simple en vos goûts, comme elle, loin du bruit,
Vous vous plairiez à l'ombre d'un bocage.
Le moindre vent, comme elle vous outrage,
Le moindre choc, comme elle vous détruit;
Et cependant, presque toujours errante,
D'un frère illustre accompagnant les pas,
Fatigues, soins, rien ne vous épouvante;
La peine même a pour vous des appas.
Faible roseau, vous résistez sans cesse.
Comme pour lui votre active tendresse
Prévient ses vœux, devine ses désirs!
Depuis trente ans ce sont là vos plaisirs :
Ce plaisir pur, vous n'en avez point d'autre,
Soutient lui seul votre cœur délicat.
C'est son bonheur qui fait partout le vôtre;
C'est sa santé qui fait votre climat.
Le Ciel est juste; une amitié si chère,
Tant de vertus méritaient sa faveur;

Et ce Ciel juste attache au nom du frère
Le souvenir et le nom de la sœur.
M. Ducis.

POUR ANNETTE.

Air : *Le cœur de mon Annette.*

Vers la charmante Annette,
Plaisirs, empressez-vous ;
Amour, qui l'avez faite,
Tombez à ses genoux ;
   Regardez-la,
Vous n'avez fait rien de mieux que cela.

Sa prunelle brillante
Soumet bientôt un cœur :
Qu'Annette est séduisante !
Le fruit vaut bien la fleur :
   Regardez-la :
Est-il un teint plus frais que celui-là ?

Deux filles, sur ses traces,
Ayant mêmes attraits,
Pour compléter les Grâces
Naquirent tout exprès ;
   Regardez-la :
Plaît-elle moins parmi ces enfans-là ?
Guichard.

A MON ANNE.

(4) Air : *J'aime la force dans le vin.*

Un poëte vante toujours
La Beauté que son cœur adore;
Partout les Jeux et les Amours
Suivent son Iris ou sa Flore.
Celui-ci prône sa Doris,
Celui-là Fanchon ou Suzanne :
Du nom d'un autre objet épris,
Je vais aussi chanter mon Anne.

De par le monde je connais
Une Belle faite pour plaire;
Parmi tous ses nombreux attraits,
Apprenez lequel je préfère :
Bouche de rose et sein de lys,
Souris flatteur et doux organe,
Vous m'enchantez; mais pour le prix,
Je le donne aux oreilles d'Anne.

Le feu qui pétille en ses yeux,
Embrâse mon cœur doux et tendre;
Son esprit plairait en tous lieux;
On l'aime dès qu'on peut l'entendre.

Loin d'elle je suis malheureux ;
Et la plus chétive cabane
Serait un palais si les dieux
M'y réunissaient à mon Anne.

Elleviou, Martin et Laïs,
O vous que Polymnie inspire !
Lorsque vous chantez, tout Paris,
Avec ivresse, écoute, admire :
Messieurs, craignez que sans retour
Votre couronne ne se fane,
Si Paris peut jouïr un jour
De la douce voix de mon Anne.

Blâmerais-tu ce fol écrit,
O mon Anne, toujours si bonne ?
A ce travers de mon esprit
Que ton indulgence pardonne :
Et si quelqu'un, avec aigreur,
Près de toi tout bas me chicane,
De grâce, défends un auteur
Qui n'a pour Pégase qu'un âne.

M. Do... (de Laval).

A ANNE.

Air : *J'ai perdu mon âne.*

L'un chante Diane,
L'autre à Bacchus donne le prix;
Un autre est aux pieds de Cypris;
Nous, nous fêtons notre Anne.

Je veux qu'on me damne,
Si les Sylphes partout vantés,
Sont en esprit, sont en beautés,
Au-dessus de notre Anne.

J'y perdrais mon crâne...
Chers amis, le lys est bien blanc,
Le satin doux, assurément;
Mais moins que la peau d'Anne.

Chut! qu'on ne ricane!
Ceci deviendrait sérieux;
Son mari seul peut dans ces lieux
Faire le coq à l'Anne.

Sans qu'on me chicane,
Je préfère aux fleurs du printemps
Celles que l'on voit en tout temps
Naître sous les pas d'Anne.

Que chacun condamne
L'auteur de ces méchans couplets,
Il se trouve heureux à jamais,
S'il a l'oreille d'Anne.

M. Barré.

A MADEMOISELLE ***,

LE JOUR DE SAINTE ANNE, SA FÊTE.

Air : *L'Amour est un enfant trompeur.*

Amis, dans ce jour solennel,
Chantons l'une et l'autre Anne.
Depuis long-temps l'une est au ciel,
L'autre est encor profane.
Que d'hommes y vont arriver,
Si l'une parvient à sauver
Tous ceux que l'autre damne !

M. de Lalanne.

A MADAME R***,

POUR LE JOUR DE SAINTE ANNE, SA FÊTE.

Air : *Des Bergères du hameau.*

Rien de piquant, rien de frais :
Tout est dit en chansonnette ;
Mais pour la fête d'Annette
L'amitié veut des couplets.
Intéresser en parlant d'elle
Est un succès qu'on se promet,
Pour peu que l'on prête au portrait
Les agrémens du modèle.

Tout chez Annette séduit ;
Son langage, son sourire,
Prouve assez quel est l'empire
De la grâce et de l'esprit.
De son cœur sensible interprète,
Son bel œil peint la volupté ;
Mais ce n'est une vérité
Que pour le Lubin d'Annette.

A la plus brillante fleur,
Hélas! l'épine est unie !
Et la santé qu'elle envie
Manque à son parfait bonheur.
Oui, de sa langueur si touchante
Trop souvent notre œil est témoin ;
Mais en avait-elle besoin
Pour paraître intéressante ?

Mère de tous les plaisirs,
Quand la santé, chère Annette,
Dans votre ame satisfaite
Rappellera les désirs ;
Qu'un beau rejeton, sur vos traces,
Près de ses sœurs brille à son tour ;
Il faut bien au-moins un Amour
Pour accompagner les Grâces.

M. DAMAS.

A ANTOINETTE,

POUR LE JOUR DE SA FÊTE.

(14) Air de *la Croisée*.

On ne peut chanter ton Patron,
Que soudain l'on ne pense au Diable ;
Celui qui t'a donné son nom,
Au corps sans doute avait le Diable :
Antoine au désert fut tenté
Sous mille formes, par le Diable ;
Toi, sous la tienne, en vérité,
   Tu tenterais le Diable.

A tous les coups que lui porta
Le génie inventif du Diable,
On dit qu'Antoine résista
Avec un courage de Diable ;
Mais s'il eût rencontré tes yeux,
Cent fois plus malins que le Diable,
Aujourd'hui citoyen des cieux,
   Le Saint serait au Diable.

Satan, qui, dit-on, n'a jamais
Dans sa bourse logé le Diable,
Pour s'embellir se mit en frais;
Mais Antoine criait : au Diable!
Toi, tu nous aurais enchantés,
Fusses-tu parée à la Diable;
C'est que tu joins d'autres beautés
   A la beauté du Diable.

J'en dirais plus; mais ton époux
Fait une grimace de Diable;
Et je lis dans ses yeux jaloux :
« Sa chanson ne vaut pas le Diable!
Jusqu'au bout il faut l'écouter,
Ma femme, il est assez bon Diable;
Mais ne te laisse pas tenter,
   Car ce serait le Diable ».

Fort bien; s'il disait autrement,
L'époux aurait un front de Diable;
Mais l'Amour est un dieu charmant,
De plus, entêté comme un Diable :
Je lui résiste; mais, ma foi,
Pour terminer ma rime en Diable,
Il faut, ne pouvant être à toi,
   Que je me donne au Diable.

LUCE DE LANCIVAL.

SUR SAINTE CATHERINE.

Gloire cent fois à Catherine!
Que son nom soit partout chanté!
Confondant les savans par sa rare doctrine,
Ses rivales par sa beauté,
Et l'Esprit tentateur par son austérité,
Elle eut tous les trésors que la bonté divine
Peut verser sur l'humanité;
Mais ce qui m'en plaît davantage,
C'est que les filles de tout âge,
Des portes de l'aurore aux rives du couchant,
Sous ses drapeaux marchent également.
Oh! que cette milice enflâme mon courage!
Veut-on me recevoir, c'en est fait, je m'engage
Dans ce joli régiment.
Cédez à mon héroïne;
Cédez à ses soldats, trop superbes héros!
Les troupes de Catherine
N'ont jamais tourné le dos.

M. Sautereau de Bellevaud.

A UNE DAME,

POUR LA FÊTE DE SAINTE CATHERINE.

Votre Patronne, au lieu de répandre des larmes,
Le jour qu'elle souffrit pour le nom de Jésus,
Parla comme Caton, mourut comme Brutus.
    Elle obtint le ciel; et vos charmes
    L'obtiendront comme ses vertus.
Reniez Dieu, brûlez Jérusalem et Rome;
Pour docteurs et pour saints n'ayez que les Amours;
    S'il est vrai que le Christ soit homme,
    Il vous pardonnera toujours.

M. le Chevalier DE BOUFFLERS.

A UNE CHARLOTTE,

LE JOUR DE SAINT CHARLES, SA FÊTE.

(16) Air : *Et j'y pris bien du plaisir.*

Dans les mets qu'a fait connaître
Le savant monsieur Grimaud,
J'en sais un que ce grand maître
N'a pas loué comme il faut :
A mon gré, sur la charlotte
Il est loin d'avoir tout dit;
Et je veux joindre une note
A son estimable écrit.

Entre les plats qu'on renomme
La charlotte tient son coin;
Un cuisinier, habile homme,
Sait y mettre tout son soin;
Et si les premiers services
Ont lassé votre appétit,
En vous offrant ses délices,
Elle le regaillardit.

Voulez-vous un antidote
A la cacochyme humeur ?
Donnez-vous une Charlotte,
Je n'en sais point de meilleur :
Toujours douce et jamais fade,
Piquante sans âcreté,
Elle est très-bonne au malade,
Meilleure à l'homme en santé.

Perdreau, caille et bécassine,
Font bien l'honneur d'un dîné;
J'en mange chez Caroline,
Par la coutume entraîné;
Mais je plains la mort sanglante
Que leur fait subir le sort;
La charlotte est innocente,
C'est un mets de l'âge d'or.

Elle fut pomme vermeille
Comme celle de Paris :
Chacun en disait merveille;
D'un seul elle fut le prix.
Aujourd'hui, moins colorée,
Elle se partage à tous;
Et sans être aussi sucrée,
Elle l'est assez pour nous.

Tout dévot, toute dévote,
Goûtent ces mets savoureux ;
Donnez-leur une charlotte,
Et vous les rendrez heureux ;
Mais les gens de tout système
Sont d'accord en ce point-ci,
Et le philosophe même
Aime la charlotte aussi.

On sait que par une pomme
Le pauvre Adam fut séduit ;
Et le fruit fatal à l'homme
N'était ni bien mûr ni cuit ;
Dans celui que je vous vante
Tout est à point, tout est bon ;
Quand le diable ainsi nous tente,
Comment s'en défendrait-on ?

La charlotte a ce mérite,
Qui me semble des plus grands,
De garder, quand elle est cuite,
Sa douce chaleur long-temps ;
Symbole naïf de celle
Que chacun de nous chérit,
Et dont l'amitié fidelle
Jamais ne se refroidit.

Lorsque ma Muse vieillotte
S'en va tombant en langueur,
Ta bienfaisante charlotte
Lui rend un peu de vigueur;
Et le gourmand mon compère,
Avec moi la partageant,
Au poëte octogénaire
Sait se montrer indulgent.

M. A. Morellet.

POUR UNE JEUNE LAPONE,

DANS UN VOYAGE AU PÔLE.

Pour fuir l'Amour
En vain l'on court
Jusqu'au cercle polaire,
Dieux! qui croirait
Qu'en cet endroit
On eût trouvé Cythère.

Dans les frimas
De ces climats
Christine nous enchante,
Et tous les lieux
Où sont ses yeux,
Sont la zône brûlante.

L'astre du jour
A ce séjour
Refuse sa lumière,
Et ses attraits
Sont désormais
L'astre qui nous éclaire.

Le soleil luit;
Des jours sans nuit
Bientôt il nous destine;
Mais ces longs jours
Seront trop courts,
Passés près de Christine.

De Maupertuis.

LES TROIS COULEURS.

A CLAUDINE.

Tombez, à peine ouverts encore,
Lilas, qui de Junon parfumez les bosquets;
Lys fastueux, pompeux œillets,
Tombez, et des jardins passez dans les palais.
Je ne demande rien à Flore;
Je ne veux rien que de Cérès.

Sous un chapeau de violettes,
Phœbus, galant berger, fit oublier Palès.
Chassé du ciel, pour ses bienfaits,
De trèfle, en s'égayant, il para maints corsets,
Et de festons de paquerettes
Il vit orner ses flageolets.

Eh! que m'importe un lourd parterre,
Si touffu, que l'Aurore y voit tarir ses pleurs!
Ai-je besoin de tant de fleurs?
Non, non, j'en trouve assez chez nos bons laboureurs.
J'y vois sourire ma Bergère
A mes bouquets de trois couleurs.

Naissez, empressez-vous d'éclore,
Ponceaux éblouissans et célestes bleuets;
Joints à l'albâtre des muguets,
Du beau sein de Vénus vous avez les attraits :
Il est blanc, l'azur le décore,
Le carmin brille aux deux sommets.

Oui, de la nymphe que j'adore,
Fleurs des champs, vous flattez, vous comblez les souhaits.
Prés ondoyans et gazons frais,
C'est par goût qu'elle accepte et porte vos bouquets :
« Donne, dit-elle hier encore,
J'y vois les couleurs des Français ».

M. Félix Nogaret.

A MADEMOISELLE DE M***,

LE JOUR DE SA FÊTE (Églé).

(16) Air : *Depuis que j'ai vu Nanette.*

L'Amour ayant pris la lyre,
Dit aux Muses l'autre jour :
« Je me sens dans le délire,
Je veux chanter à mon tour ».
Vénus crut voir le mystère,
Et dit à l'enfant ailé :
« Tu vas donc chanter ta mère » ?
— « Non, maman, c'est mon Églé ».

Aux accords qu'il fait entendre,
A leur mouvement léger,
On croit voir sur l'herbe tendre
Une nymphe voltiger.
« C'est sur moi, dit Therpsicore,
Que ce portrait est moulé ».
— « Non, répond l'Amour encore,
Cette nymphe est mon Églé ».

Bientôt sa voix ravissante
Célèbre un talent nouveau :
On voit la rose naissante
S'animer sous le pinceau.
La Muse de la peinture
Dit : « Rien n'a mieux ressemblé ;
C'est mon art, d'après nature ».
— « Non, c'est l'art de mon Églé ».

Il peint la Sagesse unie
Aux grâces de l'enjoûment,
Et tous les dons du génie
Joints à ceux du sentiment.
« Ah ! c'est Minerve qui chante ;
Le secret m'est révélé ».
— « Non, Minerve est moins touchante,
» Et c'est toujours mon Églé ».

Alors Vénus en colère :
« Ingrat ! c'est toi qui te plais,
Pour faire oublier ta mère,
A rassembler tant d'attraits.
Pour lui donner sur mes charmes
Un triomphe plus parfait,
Va mettre à ses pieds tes armes ».
— « Maman, je l'ai déjà fait ».

MARMONTEL.

A ÉGLÉ,

POUR LE JOUR DE SA FÊTE.

Vers les antres du Nord l'hiver fuit en courroux,
Et déjà le soleil lance un rayon plus doux.
Sur son humble buisson la rose renaissante
Développe l'éclat de sa pourpre brillante,
Et le Dieu du printemps, aux portes du matin,
Vient sourire à la terre et parfumer son sein.
Églé, dans ses beaux jours que la nature est belle !
Vous lui prêtez encore une grâce nouvelle;
Vous ajoutez un charme à de si doux instans;
Le jour de votre fête est un jour de printemps.
Eh! qu'importe en effet, lorsque rien ne nous lie,
Que la nature expire, ou renaisse embellie!
Il faut qu'un intérêt plus vivement senti
Ouvre sur ses beautés notre œil appesanti;
Il faut que l'amitié, peut-être l'amour même.....
Que sais-je? rien n'est beau qu'autant que le cœur aime.
Nos passions, nos goûts sont l'âme de nos sens,
Et la nature échappe aux yeux indifférens;
Elle me plaît par vous, et m'en plaît davantage.
Églé, j'aime les fleurs dont je vous rends hommage;

Sans le tendre intérêt d'en parer votre sein,
Leur fraîcheur, leur émail n'eût point tenté ma main
Elles ont plus d'éclat quand l'Amour les moissonne :
Heureux qui les reçoit ! plus heureux qui les donne !
Mais plaignez le mortel, qui seul, dans son ennui,
Va cueillir une fleur, et la garde pour lui.

COLARDEAU.

A MADAME LA MARQUISE DE B***,

LE JOUR DE SA FÊTE (Églé).

Votre Patronne au ciel a trouvé le bonheur;
    Ici-bas vous faites le nôtre :
Son partage est sans prix, le vôtre a sa douceur :
Qui n'a pas son destin, doit envier le vôtre.
Ah! bienfaisante Églé, répondez à nos vœux.
    Vous n'êtes point ambitieuse,
Contentez-vous du bien, en attendant le mieux.
    Un peu plus tard vous serez bien heureuse;
Mais plus long-temps aussi vous ferez des heureux.

M. l'abbé PORQUET.

A MADEMOISELLE ÉTIENNE,

EN LUI ENVOYANT UNE IMMORTELLE LE LENDEMAIN DE SA FÊTE.

(22) Air : *Vous qui de l'amoureuse ivresse.*

Églé, c'était hier ta fête,
  Je l'ignorais :
Amour, pour parer sa conquête,
  Fut aux aguets ;
Il cueillit, au jardin de Flore,
  Le lys, l'œillet,
La rose qui venait d'éclore,
  Et le muguet.

Pour moi, j'y courus dès l'aurore,
  Le lendemain,
Croyant du moins trouver encore
  Bleuets ou thym.
L'Amour jaloux craignait mon zèle,
  Et, sans pitié,
Il ne laisse qu'une immortelle
  A l'Amitié.

ENVOI.

Églé, reçois le faible hommage
De cette fleur,
Simple et sans éclat, c'est l'image
Du vrai bonheur.
On voit bientôt mourir les roses
Et les amours;
Quand fleurs d'amitié sont écloses,
C'est pour toujours.

M. GORSAS.

A MADAME DE CHALUT,

LE JOUR DE SAINTE ÉLISABETH, SA FÊTE;

Hommage de la petite Lucile, jeune orpheline à qui madame de Chalut sert de mère.

Ah! maman, la douce habitude
Que de vivre pour vous aimer!
Vous plaire faisait mon étude;
Vos regards semblaient m'animer.
Loin de vous, quelle solitude!
Et m'y pourrai-je accoutumer?
Tout occupé de votre image,
Mon cœur, du moins, vous parlera;
Vers vous sans cesse il volera
Pour vous rendre un nouvel hommage.
On va cultiver au couvent
Les talens de votre Lucile,
Et pour vous revoir plus souvent,
Elle sera sage et docile.
Oui, dans l'espoir de m'acquitter,
Et de ne jamais vous quitter,
L'amour me rendra tout facile.
En m'instruisant, je penserai

A cette bonté que j'adore ;
Pour m'en rendre plus digne encore,
Que de soins je me donnerai !
Tous les jours je vous bénirai ;
Je vous bénirai dès l'aurore.
Le jour, en rêvant, je dirai :
Élisabeth fait les délices
D'une aimable société ;
Sa candeur, sa douce gaîté,
Y font régner, sous ses auspices,
La joie et la félicité.
Bonne et tendre comme vous êtes,
Soyez heureuse à votre tour :
Qu'on vous rende amour pour amour,
Et que tous vos jours soient des fêtes !

MARMONTEL.

A MADAME DE CONFLANS,

Par une petite Orpheline dont elle prend soin.

Quand le Ciel me donna la vie,
J'étais bien digne de pitié !
Vous m'avez prise en amitié,
Et me voilà digne d'envie.
Quel changement vous avez fait !
C'est une seconde naissance.
Hélas ! comment puis-je au bienfait
Égaler la reconnaissance ?
Un cœur sensible est le seul bien
Que m'ait accordé la nature ;
Des cœurs, vous en avez à choisir sans le mien ;
Mais du moins l'offrande en est pure.
Laissez-moi sur le vôtre attacher ce bouquet ;
Comme sur un autel, j'y porte mon hommage ;
Et vous êtes pour moi, charmante Élisabeth,
De la Divinité la plus touchante image.
Quoi ! mon amour vous attendrit !
Quoi ! votre bouche me sourit !
Tendez-moi cette main si chère
Qui me protège et me défend.
Vous m'adoptez pour votre enfant,
Aurais-je mieux choisi ma mère ?

A ÉLÉONORE,

LA VEILLE DE SA FÊTE.

Dans ce moment, les politesses,
Les souhaits vingt fois répétés,
Et les ennuyeuses caresses,
Pleuvent, sans doute, à tes côtés.
Après ces complimens sans nombre
L'Amour fidèle aura son tour ;
Car, dès qu'il verra la nuit sombre
Remplacer la clarté du jour,
Il s'en ira sans autre escorte
Que le Plaisir tendre et discret,
Frappant doucement à ta porte,
T'offrir ses vœux et son bouquet.
Quand l'âge aura blanchi ma tête,
Réduit tristement à glaner,
J'irai te souhaiter ta fête,
Ne pouvant plus te la donner.

M. DE PARNY.

A MADAME DE LA M***.

Sainte et mondaine Élisabeth,
Qui n'en êtes qu'à l'alphabet
De la dévotion profonde
Et des voluptés de ce monde;
De votre savoir imparfait
Et de votre inexpérience
Dans l'une et dans l'autre science
Dieu ni Diable n'est satisfait.
Décidez-vous donc tout-à-fait :
Devenez tout-à-fait pieuse,
Ou tout-à-fait voluptueuse.
Que voulez-vous, décidément,
D'un confesseur ou d'un amant?
Est-ce l'amour et ses délices
Que vous préférez aux cilices?
Pour les cilices penchez-vous?
Voyez qui peut le plus vous plaire,
Des traits d'Amour ou de la haire,
D'un cœur armé de petits clous *,
Ou d'un cœur et sensible et tendre

* On lui en avait envoyé un pour sa fête.

Qui se prend et qui sait nous prendre,
Et qui fait naître le désir,
Le sentiment et le plaisir ?
Aimez-vous mieux les disciplines ?
En voici de corde et de fer,
Et qui, selon les Capucines,
Vous garantiront de l'Enfer.
Mais je vous vois déterminée.
Belle Cloris, vous êtes née,
Avec des attraits si touchans,
Pour être heureusement damnée,
Et pour damner beaucoup de gens !
Vous en rappellerez peut-être ;
Et peut-être dans quarante ans
Ferez-vous revenir le prêtre ;
Mais vous avez encor du temps.

COLLÉ.

ÉPITRE

A Mme LA COMTESSE DE BEAUHARNAIS,

LE JOUR DE SA FÊTE (Fanny).

ORNEMENT de Gnide et du Pinde,
Toi qui, sur le double côteau,
De nos littéraires Renaud,
Armide à-la-fois et Clorinde,
Triomphes par un art nouveau;
Sensible auteur de Stéphanie,
Ce jour, ce nom de Saint-François,
Trahissent donc ta modestie,
Et nous donnent enfin les droits
D'offrir nos chants à ton génie.

Mais que d'écueils! Si de nos cœurs
Le tribut te plaît et t'honore,
Nos chants te plairont-ils encore?
Comment sur le parfum des fleurs,
Comment tromper les sens de Flore?

Si nous n'avions à célébrer
Qu'une femme obscure, ordinaire,
Ce serait de l'inaugurer

Au trône banal de Cythère,
Et soudain chacun d'admirer.
Mais cet encens fade et vulgaire,
Tu ne pourrais le respirer.
Aussi, je le dis sans mystère,
Pourquoi t'avises-tu, dis-moi,
De sortir du modeste emploi
Qu'a ton sexe sur l'hémisphère ?
Oser cultiver sa raison,
Et négliger la grave affaire
Du choix d'un bonnet, d'un pompon,
Pour toucher d'une main légère
La docte lyre d'Apollon;
Dieux ! quel scandale ! des ruelles
Vois sur toi sonner le tocsin ;
Tremble : à la suite de ces Belles,
Moi-même un grelot à la main...
Mais non, devenons plus paisible;
Si ton esprit a des travers,
Ton ame du-moins est sensible :
En sa faveur passons les vers
Et ta prose douce et flexible.
Le jour où Phœbus réunit
Sous tes agréables demeures,
Le goût, le sentiment, l'esprit,
Jour léger, qui paraît et fuit;

Où le Plaisir sonne dix heures
Lorsque le Temps frappe minuit ;
J'ai vu souvent ton œil humide
Au récit touchant des malheurs ;
Ta bouche, où ton âme réside,
S'adresse toujours à nos cœurs.
Enfin, bienfaitrice honteuse,
Souvent, dit-on, ta belle main
Fait dans l'ombre mystérieuse,
Un don comme on fait un larcin.

  En faveur d'une âme aussi bonne,
Je te pardonne ta raison :
Pense, compose, écris, raisonne ;
Gagne l'estime de Buffon ;
Couronne ta tête fertile
D'un laurier toujours verdoyant..
De crimes quel nombre effrayant !
Mais je suis un juge facile,
Quand le coupable est bienfaisant.

M. DE VERNINAC DE SAINT-MAUR.

A GABRIELLE,

LE JOUR DE SA FÊTE.

Favorable aux vœux de l'Amour,
Le Temps respecte Gabrielle;
De sa naissance heureuse il respecte le jour,
Et ce jour tous les ans la retrouve plus belle.
　　A ses attraits loin de faire un affront,
　　(Que ses destins sont différens des nôtres!)
Le Vieillard destructeur dépose sur son front
　　Les charmes qu'il dérobe aux autres.
De mille dons, toi qui sus l'embellir,
Gabriel, sois aussi notre ange tutélaire:
　　Nous avons tous ton cœur pour la chérir;
　　Accorde-nous ton esprit pour lui plaire,
　　Ou prête-nous tes ailes pour la fuir.

M. Hyacinthe Morel.

POUR UNE GABRIELLE.

Air : *La bonne aventure, ô gai.*

Amis, chantons aujourd'hui,
 En sujets fidèles,
La chanson du bon Henri ;
C'était, je crois, celle-ci :
Vive Gagrielle ! ô gai,
 Vive Gabrielle !

Un bon roi, c'est là mon Saint,
 C'est là mon modèle ;
Comme lui soyons humains,
Et chantons ce doux refrain :
J'aime Gabrielle, ô gai !
 J'aime Gabrielle.

(*A un Militaire.*)
Que la valeur de Henri
 Soit votre modèle.
Moi, j'imiterai de lui
Ce refrein doux et joli :
Vive Gabrielle, ô gai !
 Vive Gabrielle.

Sous la Victoire il marcha,
  Couvert de son aîle;
L'Amour, qui l'en arracha,
Sous la sienne le plaça,
Près de Gabrielle, ô gai!
  Près de Gabrielle.

Le trône, plein de souci,
  N'est qu'une escabelle;
Le trône du bon Henri,
Etait un gazon fleuri,
Près de Gabrielle, ô gai!
  Près de Gabrielle.

Il ne faudra point ici
  D'effort de cervelle
Pour voir que je suis aussi
Sur le vrai trône d'Henri,
Près de Gabrielle, ô gai!
  Près de Gabrielle.

M. DE S***.

LE BOUQUET DE GENEVIÈVE.

A MADAME ***.

Malgré la naissance et le rang,
Souffrez, Comtesse, un parallèle
Entre vous et la pastourelle
Que révère le peuple franc.
Eh ! qu'importe la panetière,
Et la houlette et les moutons,
Et les palais et la chaumière,
Et les rubans et les blasons ?
C'est par le cœur qu'on est bergère.
Nos goûts et nos premiers penchans
Nous rapprochent de la nature ;
Comtesse, vous aimez les champs,
Leur simplicité, leur verdure ;
Ils ont des charmes si touchans !
On est bergère, je vous jure,
Lorsque l'on aime le printemps.
Souvent l'ombre de la retraite
Plaît et suffit à vos désirs :
Libre des soins de l'étiquette,
Vous y remplissez vos loisirs

De l'étude sage et secrette
Des vrais biens et des vrais plaisirs ;
Ce goût là tient à la houlette.
Quand le jour de ses derniers traits
Dorait les campagnes fleuries,
J'ai vu souvent vos pas distraits
Errer sur l'émail des prairies ;
Rêveuse, vous goutiez le frais :
On est, avec des rêveries,
Bergère, à peu de chose près.
Ai-je fini le parallelle ?
Oh ! non sans doute !... Il faut un chien ;
Vous l'avez ; Carite est si belle !
Carite vous garde si bien !
Elle est si tendre et si fidelle !
Mais quoi ! ne manque-t-il plus rien ?
Filez vous ? j'ai vu cet automne
Votre main tourner le fuseau.
Les moutons ? l'Amour vous les donne ;
Oui, tout ce qui vous environne
Vous aime, et voilà le troupeau.

COLARDEAU.

A HENRIETTE.

(16) Air : *Ton humeur est, Catherine.*

Votre nom, belle Henriette,
Rappelle ce nom chéri
Que tout bon Français répète,
Le nom, le doux nom d'Henri.
Vous brillez, sans diadême,
De mille attraits séducteurs;
Comme lui chacun vous aime,
Vous régnez sur tous les cœurs.

Plus heureuse qu'Henri-Quatre
Dans ses plus fameux exploits,
Vous triomphez sans combattre,
Tout cède à vos douces lois :
En jurant d'être fidelle,
De vivre et mourir pour vous,
Le ligueur le plus rebelle
Tomberait à vos genoux.

Ce qu'Henri fit pour la Gloire,
Faites-le donc pour l'Amour;
Et des fruits de la Victoire
Usez bien à votre tour.

Il sut, après ses conquêtes,
Rendre heureux tous ses sujets :
Ah! les captifs que vous faites,
Ne le seront-ils jamais ?

Ce Roi, partout invincible,
Fut vaincu par la Beauté,
Et son cœur, né si sensible,
Lui dut sa félicicité.
Il n'eut des yeux que pour elle :
Ah! sans doute, en vous voyant,
Il eût quitté Gabrielle,
Et vous fût resté constant.

Prenez pour votre modèle
Henri que nous aimons tous;
S'il fut roi, vous êtes belle;
Comme lui régnez sur nous.
Souffrez qu'en ce jour de fête
Notre refrain favori
Soit toujours : Vive Henriette!
Et vive le bon Henri!

M. Croizetière (de la Rochelle).

A UNE HENRIETTE,

POUR SA FÊTE.

(1) Air : *Mon honneur dit, etc.*

Quel est le Saint dont on fête la gloire ?
Connaissez-vous, amis, plusieurs Henris ?
J'en connais un au Temple de la gloire ;
En est-il un encore en Paradis ?
N'en doutez point ; le Patron de Glycère
Est le Patron de tous les bons Français ;
Le bon Henri, qui fut monarque et père,
Le Saint des Rois et le Dieu des sujets.

Ce roi charmant aimait beaucoup les dames ;
Héros le jour, héros la nuit aussi :
Il eut le faible, hélas ! des grandes ames ;
Sans le valoir, nous l'avons comme lui.
Il fut épris des yeux de Gabrielle ;
De si beaux yeux valaient bien un grand Roi :
Moi qui vous vois, je vous crois bien plus belle ;
Henri, peut-être, eût pensé comme moi.

Du grand Henri le noble caractère
Sut ramener la franchise à la cour :
On vit un roi, magnanime, sincère,
Disant le vrai, le souffrant à son tour.
Vous l'imitez, vous, la vérité même,
Qui ne pouvez cacher un sentiment ;
Ah ! si jamais vous me disiez *je t'aime*,
Je vous croirais et je mourrais content.

De S***.

A MADAME ***.

LE JOUR DE SA FÊTE (Saint Jean).

(5) Air : *Si Dorilas, etc.*

Dans un désert sauvage et triste,
Où tout Israël accourut,
Votre Patron, saint Jean-Baptiste,
Jadis annonçait le salut.
Votre partage est plus profane,
Mais il comble notre désir,
Puisque pour nous l'aspect de Jeanne
Est le précurseur du plaisir.

De sauterelles, de racines,
Saint Jean dans le désert vivait ;
A la plus maigre des cuisines
Personne, à coup sûr, ne venait.
Par un changement que j'approuve,
Et que chacun voit de bon œil,
Chez Jeanne en tous les temps on trouve
Et bonne table, et bon accueil.

Saint Jean plaça son domicile
Au fond des vallons du Jourdain.
Une autre vallée * est l'asile

* La vallée de Montmorency.

Où Jeanne reçoit son prochain.
Mais, certes, la terre promise
Que j'estime fort, Dieu merci,
Jamais, surtout pour la cerise,
Ne put valoir Montmorency.

Jean, dans son modeste hermitage,
Pour commensal prit un mouton;
J'ignore si Jeanne partage
Tous les penchans de son Patron;
Mais si jamais de la houlette
Sa main s'imposait le fardeau,
Qui de la bergère Jeannette
Ne voudrait grossir le troupeau?

ENVOI, LE 26 JUIN.

Si l'on en croit un vieil adage,
Après la fête, adieu le Saint;
Par là mon paresseux hommage
D'anathême se trouve atteint.
Mais consultez votre indulgence,
Qui vous dira que de ma part,
Si l'esprit ne fait diligence,
Le cœur n'est jamais en retard.

A MADAME PERRIER,

LE JOUR DE SA FÊTE (Saint Jean).

(4) Air : *On compterait les diamans.*

Jean fut un saint de son métier;
Le ciel s'ouvrait à sa prière.
Lorsqu'on est auprès de Perrier,
Le paradis est sur la terre.
Tous deux n'ont pas mêmes destins,
Quoique dans eux la grâce abonde :
L'un a sauvé tous les humains,
Et l'autre damne tout le monde.

Je vois vos filles en ce lieu,
Qui se disputent vos caresses;
Jean fut le précurseur d'un Dieu,
Et vous l'êtes de deux Déesses.
Jean a prêché dans le désert;
Et vous, quand votre voix si tendre
Transporte au céleste concert,
L'Univers voudrait vous entendre.

Mais c'est assez parler d'un saint;
Du ciel qu'importe la conquête?
C'est aujourd'hui notre *Toussaint*,
Puisque de Perrier c'est la fête.
Elle a cent moyens de charmer;
Elle est si tendre et si jolie!
Ceux qui peuvent s'en faire aimer,
Sont les élus de cette vie.

M. FAYOLLE.

COUPLETS

FAITS CHEZ M.me SAINT-AUBIN,

LE JOUR DE SAINT JEAN, SON PATRON.

(4) Air : *J'étais bon chasseur autrefois.*

Que de son bienheureux Patron
A Jeanne on offre la couronne ;
Je me contente sans façon
De celle que Paris lui donne ;
Et pour son front, siège des ris,
Qui peut en désirer une autre ?
Certes, le myrte de Cypris
Vaut bien le laurier d'un apôtre.

Ma Jeanne eut en voyant le jour,
Par un contraste bien étrange,
Tous les traits de l'espiègle Amour,
Et toutes les vertus d'un ange.
Souvent son jeu trouble l'esprit
Du spectateur un peu profane ;
Mais sa candeur nous convertit,
Lorsque son œil fripon nous damne.

Au théâtre Jeanne paraît
Toujours plus fraîche et plus gentille ;
Mais le théâtre qui lui plaît
Est seul celui de sa famille.
Cécile a ses goûts, ses penchans,
Et les talens dont elle brille :
Quand la mère inspire mes chants,
Je crois avoir chanté la fille.

M. Du Puy Des-Islets.

A MADAME DE ***,

POUR LE JOUR DE SAINTE JULIE, SA FÊTE.

Je ne connais que la Julie
Dont le galant Ovide a chanté les amours ;
Elle était sensible et jolie,
Et son nom charmera toujours.
Elle unissait à l'art de plaire
Un cœur facile à s'enflâmer :
Si vous voulez lui ressembler,
Vous n'avez plus qu'un pas à faire.

D'H.

A MADAME JUSTINE DE ***,

POUR SA FÊTE.

(2) Air : *Triste raison, etc.*

J'allais cueillir la rose et l'aubépine ;
Je vis l'Amour tout prêt à m'assaillir ;
Il les gardait : je lui nommai Justine ;
Il vint m'aider pour elle à les cueillir.

« Prends le bouquet que ta main lui destine ;
Mes fleurs, dit-il, la doivent couronner ;
Mais songe à toi, quand on parle à Justine,
On donne plus qu'on ne voulait donner.

« Crains un larcin que déjà je soupçonne,
Et que mes soins ne peuvent retarder :
Dès que sa main touche aux fleurs qu'on lui donne,
Ses yeux ont pris un cœur qu'on veut garder ».

— « Je sais, Amour, à quoi l'on me destine ;
Le mal est fait, ainsi plus de frayeur :
Va, le matin, quiconque a vu Justine,
N'a plus, le soir, à craindre pour son cœur ».

IMBERT.

LE BOUQUET DE L'AMOUR.

DIALOGUE

Récité le jour de Saint Louis, devant Mademoiselle de E***.

CLOÉ.

D'où viens-tu ? sur ton front quelle joie étincelle ?

IPHIS.

Je suis au comble de mes vœux :
Dès les premiers rayons de l'aurore nouvelle,
 J'errais, je cherchais pour nous deux
Des bouquets en l'honneur d'une fête si belle.
Au détour d'un bosquet où fleurit le jasmin,
 Un jeune enfant était en sentinelle,
Un bandeau sur les yeux, un carquois à la main :
 Je veux m'approcher, et je n'ose....
 Je lui trouvais un air malin;
 Il vient à moi : « J'entrevois le dessein,
 Dit-il, que ton cœur se propose.
Suis-moi, viens, prends ces fleurs; à mon gré j'en dispose :
 J'ai partout les clés du jardin.
 Vois la fraîcheur de cette rose !
Louise la verra pâlir devant son teint.

Joins-y ce lis; il sera l'interprète,
    Le symbole de sa candeur;
  Ajoutes-y cette humble violette :
Elle est simple et modeste, et ressemble à ton cœur;
Dans les tributs du jour je consens qu'elle brille.
    Tu peux encore y marier
Ce rameau toujours vert, ce feston de laurier,
    Car c'est l'arbre de la famille ».

CLOÉ.

Il suffit : viens, courons embrasser les genoux
    De notre auguste bienfaitrice.
    Mais cet enfant plein de malice,
    Il fallait donc l'amener avec nous;
Puisqu'il a tant d'esprit, il pouvait nous instruire,
    Nous inspirer un compliment,
    Et cela ne peut jamais nuire.
  Ce qu'il a fait sert notre empressement;
    Mais il nous eût, pour le moment,
    Appris encor ce qu'il faut dire.

DORAT.

A MADEMOISELLE CONTAT,

LE JOUR DE SA FÊTE (Saint Louis).

(4) Air : *Ce fut par la faute du sort.*

Je veux, de la voix et du cœur,
Chanter aussi notre Louïse;
Que cette mode a de douceur,
Quand le sentiment l'autorise.
Amis, amans, ont tour-à-tour
Par elle une heureuse journée :
C'est bien le moins qu'on dise un jour
Ce que l'on sent toute l'année.

Quand on l'entend, sa douce voix
Reste au cœur plus que la mémoire;
Elle a partout les mêmes droits
A l'amitié comme à la gloire.
Son cœur est vrai, sensible et bon,
Et son talent, chacun le prise;
Tout le monde applaudit Suzon,
Et tout le monde aime Louïse.

IMBERT.

A MADAME L. M. D. M.

Couplets chantés par ses Enfans le jour de Saint Louis, sa fête.

(2) Air : *Triste raison*, etc.

Votre Patron, bien moins tendre qu'austère,
Gagna le ciel en quittant ses parens ;
Ah ! puissiez-vous ne trouver, au contraire,
Le Paradis qu'au sein de vos enfans !

Si vous l'aviez suivi dans son voyage,
Quand de l'Egypte il courait les déserts,
Loin d'y trouver, comme lui, l'esclavage,
Les Sarrasins auraient brigué vos fers.

A son retour, par de belles sentences
Du peuple Franc il assura les droits ;
L'esprit à peine entend ses ordonnances,
Le cœur suffit pour comprendre vos lois.

Florian.

A MADAME D***,

LE JOUR DE SA FÊTE.

(8) Air : *Comment goûter quelque repos ?*

Comment te peindre mon ardeur ?
A Lise quand on rend hommage,
C'est partout le même langage,
Chacun veut lui donner son cœur.
De faire moins, étant si tendre,
Vraiment je me garderais bien ;
Mais pour t'offrir aussi le mien,
Lise, il faudrait te le reprendre.

M. DE MIRAMOND.

A MADAME DE ***,

POUR LE JOUR DE SAINT LOUIS, SA FÊTE.

Vous ressemblez bien peu, trop aimable Zémire,
 Au Saint dont vous portez le nom;
Car tous les jours vous étendez l'empire
Des plaisirs que fuyait votre triste Patron.
  Il eût voulu couper les ailes
  Du Dieu dont vous lancez les traits;
  Il combattit les infidèles,
  Et vous n'en trouverez jamais.

D'H.**

LA MUSE JALOUSE.

Muse, vous me boudez;... que vous ai-je donc fait,
 Et que devient votre humeur agréable?
Pour Lise cependant il me faut un bouquet...
  Quoi! pas un mot!... Je suis au fait:
 Vous êtes femme, et Lise est trop aimable.

M. DAVESNE.

LA MADELEINE.
A MADAME G***.

Que Madeleine était touchante
    Aux genoux du Sauveur,
Quand sa voix douce et repentante
    Y peignait sa douleur!
Humble maintien, front plein de charmes,
    Cheveux à l'abandon,
Sein demi-nu, beaux yeux en larmes,
    Espérez le pardon.

Auprès d'Ève, pour une pomme,
    Adam fit un faux pas :
Pour Madeleine un Dieu fait homme
    S'humanise tout bas.
Pauvre Marthe, en vain alarmée,
    Tu vas grondant ta sœur :
Tu fus plus sage et moins aimée;
    Jésus avait un cœur.

De notre aimable pécheresse,
    Vous qui portez le nom,
Songez qu'un chrétien doit sans cesse
    Imiter son Patron.

Ce n'est point la seule abstinence,
Qui fait les bienheureux;
Pieuse larme après l'offense
Nous ouvre aussi les cieux.

Si quelque dévot de Cythère,
Sur le soir d'un beau jour,
D'un air touché venait vous faire
Joli sermon d'amour;
Belle ainsi que votre Patronne,
Soyez plus tendre encor;
Et, pour que Jésus vous pardonne,
Péchez un peu d'abord.

M. D***.

LES SEPT DÉMONS DE MADELEINE.

A MADEMOISELLE DUBOIS,

POUR LE JOUR DE SA FÊTE.

Ta Patronne autrefois pleura d'avoir su plaire;
   (Comme elle un jour que la grâce m'éclaire!)
De sept Démons le ciel la délivra;
Le fait est sûr; mais de ces Démons-là
    On n'a point éclairci l'histoire;
    On n'en voit rien dans saint Grégoire.
J'ai lu pourtant, si j'ai bonne mémoire,
Qu'ils sont depuis entrés à l'Opéra.

    Jeune et charmante Madeleine,
De sept Démons aussi tu suis les douces lois:
A leur tête d'abord s'avance Melpomène,
    Qui tonne ou gémit par ta voix,
Et dépose à tes pieds le sceptre de la scène.
    Arrive après cet aimable lutin,
    Ce petit Dieu qui fait le diable à quatre,
Qui joue entre tes bras, se cache dans ton sein,
    Et sous tes lauriers vient s'ébattre.

L'Inconstance le suit, des papillons en main ;
C'est ce Démon surtout qu'on préfère à ton âge :
Pourquoi non ? la Beauté doit être un peu volage,
Pour l'amour d'elle-même et celui du prochain.
  Le quatrième est la Coquetterie,
   Non l'art cruel de tourmenter les cœurs ;
Mais cet heureux secret, cette adroite magie,
Qui donne à des refus tout le prix des faveurs.
Près d'elle j'aperçois l'ingénieux Caprice,
Qui veut et ne veut plus, rit et boude à-la-fois.
Fuit, revient, fuit encor, choisit, pleure son choix,
Et fait de mille amans le charme et le supplice.
Lui-même sur tes pas il conduit le Désir ;
Le Caprice l'éteint ; c'est lui qui le fit naître.
Et pour fermer la marche, enfin je vois paraître
Le Démon enchanteur qui préside au plaisir.

Ah ! dût ta pénitence être un peu retardée !
  Long-temps encor règne par tes attraits ;
De tes jolis Démons sois toujours possédée ;
Et puissé-je avoir part aux péchés que tu fais !

DORAT.

A MADAME ***,

LE JOUR DE SA FÊTE (Sainte Madeleine).

(5) Air du *Petit Matelot*.

Toutes Madeleines sont belles ;
Ce nom fait honneur à porter.
Quelques-unes sont immortelles,
Et trois surtout sont à citer.
L'une, coquette en sa jeunesse,
En vieillissant se convertit ;
Sur terre elle fut pécheresse,
Mais au ciel elle est en crédit.

La seconde, toujours en larmes,
Nous séduit par son désespoir ;
Ses longs cheveux voilent ses charmes,
Que pourtant on peut entrevoir.
L'amour* brille sur sa figure ;
Ses yeux sont tournés vers le ciel ;
Mais tout cela n'est qu'en peinture :
C'est le tableau de Raphaël**.

* L'amour de Dieu, l'amour par excellence.
** La Madeleine de Raphaël.

La troisième est la plus aimable ;
Elle attire à soi tous les cœurs ;
Jamais elle ne fut coupable
De fautes qui coûtent des pleurs.
Généreuse, modeste et sage,
Vous la voyez ; d'un air discret,
Elle voudrait nier, je gage,
Que j'ai fait ici son portrait.

A Madeleine-Émélie Collomb de Tonquedec, le jour de sa fête, en lui envoyant l'estampe de l'*Amour* dans une rose.

Offrir la rose à la Beauté,
C'est la placer dans son domaine ;
Mais sous les lois de Madeleine
Fixer cet enfant indompté,
Qui dispense à son gré le plaisir ou la peine,
C'est mettre à la plus douce gêne
Un petit despote effronté,
Et rendre un sujet révolté
A son aimable souveraine.

M. A. Cl. Forget.

CHANSON A DEUX FINS,
OU LES DEUX MADELEINES,

Par un mari dont la femme dansait à merveille et dont la sœur était religieuse.

(5) Air du *Petit Matelot*.

Un luth en main, à cette table,
Entre l'Amour et l'Amitié,
Je veux chanter la fête aimable
De ma sœur et de ma moitié.
Toi, Madeleine, leur Patronne,
Daigne seconder mes desseins,
Pour Therpsicore et pour la Nonne
Il me faut chanson à deux fins.

L'une est célèbre par ses grâces,
Mais plus encor par ses bienfaits.
L'autre, en suivant de saintes traces,
Compte là-haut vivre à jamais.
Au ciel elles iront sans doute;
Mais pour trouver ce lieu divin,
Ma sœur prend la plus courte route,
Ma femme le plus long chemin.

Que dans la balance céleste
Un Dieu pèse erreurs et vertus,
Ma femme, il trouvera du reste
Pour te mettre au rang des élus.
Si ma sœur, Sainte Eléonore,
Au fauteuil parvient tout d'un trait,
Ma femme, Sainte Therpsicore,
Au ciel aura le tabouret.

Le ciel me fit un cœur fragile,
Plus qu'un autre j'ai des défauts;
Tout en croyant au saint asile,
Je ne suis pas des plus dévots :
On fermera, c'est chose sûre,
A mon nez la porte des cieux;
Mais au travers de la serrure,
Je vous verrai toutes les deux.

M. J. E. Despréaux.

A MADAME DE BOUFFLERS,

QUI S'APPELAIT MADELEINE.

(2) Air : *Je t'aimerai, etc.*

Votre Patronne en son temps savait plaire ;
Mais plus de cœurs vous sont assujettis.
Elle obtint grâce, et c'est à vous d'en faire,
Vous qui causez les feux qu'elle a sentis.

Votre Patronne, au milieu des apôtres,
Baisa les pieds de son divin époux :
Belle Boufflers, il eût baisé les vôtres,
Et saint Jean même en eût été jaloux.

VOLTAIRE.

NAISSANCE, PORTRAIT ET FÊTE
D'UNE NYMPHE.

Air : *Que le sultan Saladin.*

Un jour le grand Jupiter,
Des dieux payens le *pater*,
Dit : « Je veux faire une belle
Qu'on citera pour modèle,
En fait de grâces, d'appas;
 D'appas, d'appas,
Elle n'en manquera pas ».
Voici comme ce Dieu suprême
 Fit ce que j'aime.

Il prit un rayon du jour,
Et de la pâte d'amour,
Avec de l'intelligence,
Esprit, grâces, bienfaisance;
Puis il pêtrit tout cela,
 Tourna, moula;
Et fit cette Nymphe-là.
« Bon, dit-il, il faut encor faire
 Le don de plaire ».

Par la fenêtre des cieux,
Il fit signe à tous les Dieux;
Tout aussitôt sur l'Olympe
Voilà chaque Dieu qui grimpe,
En disant : « Que voulez-vous
 De nous, de nous »?
Il leur répondit à tous :
« A Guimar donnez sur la terre
 Le don de plaire ».

Therpsicore en un moment
Lui montra son art charmant;
Vénus donna sa ceinture,
Cupidon sa chevelure,
La jeune Hébé son maintien,
 Ce rien, ce rien,
Qui fait que tout paraît bien;
Les Grâces donnèrent leurs charmes,
 L'Amour ses armes.

Puis, du haut du firmament,
Dieu, lançant l'objet charmant,
Dit : « Sur la machine ronde,
Qu'elle plaise à tout le monde;
Je l'envoye à l'Opéra;
 C'est là, c'est là,

Que la tête en tournera;
Des Grâces elle a tous les charmes,
D'Amour les armes ».

Chacun dit en la voyant :
« Dieux ! quel ensemble attrayant !
Dans ses bras quelle souplesse !
Et dans ses pieds quelle adresse !
Elle aura toujours quinze ans,
Quinze ans, quinze ans;
Elle sait fixer le Temps;
Des Grâces elle a tous les charmes,
D'Amour les armes ».

« De cet objet merveilleux
Regardez les jolis yeux;
Ce sont les miroirs de l'âme
De la Nymphe qui m'enflâme;
J'y trouve sincérité,
Gaîté, bonté,
Douceur, amour, volupté :
Des Grâces elle a tous les charmes,
D'Amour les armes ».

M. J. E. Despréaux.

A MADEMOISELLE D***,

LA VEILLE DE LA MADELEINE, SA FÊTE.

La pénitente Madeleine
N'a pas grand mérite à mes yeux :
Ses amans, messieurs les Hébreux,
Ne valurent pas trop la peine
Qu'on voulût se damner pour eux :
Le salut est une autre affaire,
Quand on a le malheur de plaire
A tous ces démons réunis
De qui l'Enfer est à Paris.
Ah! qu'on a de chemin à faire
Pour arriver en Paradis !
Oui, tes grâces sont trop à craindre;
Tes regards sont trop enivrans;
En bon chrétien je dois te plaindre;
Tu pécheras encor long-temps.
Mais si, détruisant le prestige
Des charmans péchés de l'Amour,
La grâce opère un grand prodige,
Si tu fais pénitence un jour,

Du Démon je brise la chaîne :
Celui qui tant de fois voulut
Se damner avec Madeleine,
Doit alors, converti sans peine,
Faire avec elle son salut.

DOIGNY.

A UNE JEUNE ACTRICE,

NOMMÉE MADELEINE.

On dit qu'ainsi que vous Madeleine était belle,
Sensible, aimable, peu cruelle,
Et son nom est écrit dans le livre des saints.
Reconnaissez votre modèle,
Et pour le bonheur des humains,
Gagnez le Paradis comme elle.

DE LAHARPE.

PORTRAIT

DE LA JEUNE MADELEINE M** N**.

(4) Air du vaudeville d'*Alcibiade*.

Si j'étais peintre, je voudrais
Saisir juste ta ressemblance;
Sur ma palette je mettrais
Fraîches couleurs en abondance;
Et pour ton teint je broyerais
Couleur de lis, couleur de rose;
Facilement je donnerais
Au modèle une aimable pose.

Un ovale je tracerais
Pour le contour de ta figure;
Nez mignon je dessinerais,
Comme te l'a fait la nature;
Juste au-dessous je placerais
Bouche petite et demi-close;
Et pour la border je prendrais
L'éclat séduisant de la rose.

Bouche entr'ouverte laisserait
Voir deux rangs de perles brillantes;
Chacun en les voyant dirait :
« Il n'en est point de plus charmantes ».
Avec bleu-céleste j'aurais
Juste le ton de ta prunelle :
Jamais, hélas! je ne pourrais
Rendre les attraits du modèle.

Sur tes épaules je peindrais
Blonde chevelure flottante;
Enfin au corps je donnerais
Grâces et tournure élégante :
A peindre juste un tel portrait,
Amour! fais qu'un jour je parvienne!
Je suis certain que l'on dirait :
Il est charmant! c'est Madeleine!

M. J. E. Despréaux.

A MARGUERITE.

(12) Air : *Nous sommes précepteurs d'amour.*

<pre>
Tu portes le nom d'une fleur,
Ta Patronne est vierge et martyre;
Sous ce double rapport, mon cœur
Aurait cent choses à te dire.

L'une a su peindre sa fraîcheur
Sur ton front brillant et modeste;
De l'autre, l'aimable pudeur
Décèle ton âme céleste.

Simple fleur, où nymphe à ton gré,
Reçois en ce jour mon hommage,
Tes vertus me l'ont inspiré,
Tu dois sourire à ton ouvrage.
</pre>

L'abbé DOURNEAU.

POUR UNE MARIE.

(6) Air de l'*Avare et son Ami*.

Pour bien chanter une Marie,
Il faudrait ravir dans le ciel
L'éloquence douce et fleurie
Qui réussit à Gabriel.
Cet ange était galant, aimable,
Et comme un ange il s'en tira ;
Mais, hélas ! qui l'imitera ?
Car un ange est inimitable.

Demain l'Église fait la fête
De son voyage dans les cieux :
Ah ! qui ferait votre conquête,
Plus qu'un ange serait heureux !
Au fond d'un bosquet solitaire,
Lisant son bonheur dans vos yeux,
Il se trouverait dans les cieux
Et n'aurait point quitté la terre.

M. Lemazurier.

A MARIE,

LE JOUR DE SA FÊTE.

Air : *Tout comme ont fait nos pères.*

Ah ! combien offre d'agrémens
    Une fête chérie !
    Le seul nom de Marie
Fait naître tous les sentimens ;
      Et pour sa fête,
      Quand on s'apprête
A la chanter à qui mieux mieux,
        Je veux
    Partager par moitié
Les frais chéris de la douce amitié,
    Et selon mon envie,
    Comme la compagnie,
    Chanter ici Marie.

Tous nos sentimens sont si vrais,
    Que le Temps dans sa fuite,
    Le Temps qui va si vite,
Ne changera que nos bouquets.
      Et pour, etc.

Les couplets que dans ce moment
    On adresse à Marie,
    Ah! de la flatterie
Ne sont pas un vain compliment.
    Et pour, etc.

Oui, pour elle je sens mon cœur
    Ému d'un doux délire,
    L'Amitié qui m'inspire
Forme des vœux pour son bonheur.
    Et pour, etc.

UNE DAME A SA MÈRE,

En lui envoyant un Enfant dont elle venait d'accoucher.

(17) Air : *Que ne suis-je la fougère!*

Que la fête de Marie
Pour ta fille est un beau jour!
O ma mère! ô mon amie!
Vois ce fruit de mon amour!
Par les mains de l'Innocence
Reçois mes tendres tributs :
J'ai doublé mon existence
Pour t'offrir un cœur de plus.

LA SALUTATION ANGÉLIQUE.

A MADAME DEL***,

Air : *L'Amour a gagné sa cause.*

Un habitant du Paradis,
A votre divine Patronne,
Du Très-Haut annonça jadis
Les grands desseins sur sa personne.
Sans être député du Ciel,
Par mon nom dans la confrérie,
Comme l'archange Gabriel,
  Je vous salue, ô Marie!

Pleine de grâces, fut le nom
Par lequel l'envoyé céleste,
De Marie, en son oraison,
Salua la vertu modeste.
La grâce est un don précieux,
Et c'est ici, sans flatterie,
Qu'au nom de ce présent des cieux,
  Je vous salue, ô Marie!

Oui, le Seigneur est avec vous,
C'est son esprit qui vous éclaire.
C'est ce qu'on entend dire à tous
Du vôtre qui sait si bien plaire.
Bien parler et faire le bien,
C'est votre habitude chérie :
En honneur de l'Esprit divin,
 Je vous salue, ô Marie !

Être vierge et mère à-la-fois,
Ce fut un privilége unique ;
Mais la nature a d'autres lois
Que plus ou moins bien on pratique.
O vous dont la félicité
Au sort de vos enfans se lie,
Au nom de la maternité,
 Je vous salue, ô Marie !

A MARIE.

(12) Air : *Nous sommes précepteurs d'amour.*

Vous allez tous suivre ma loi,
Mes bons amis, je le parie,
Et vous chanterez avec moi
La jeune et charmante Marie.

Est-il un sujet plus heureux ?
Célébrons sa fête chérie,
Et pour nous en acquitter mieux,
Puisons dans les yeux de Marie.

Mais craignons ce fripon d'Amour,
Qui tient là son artillerie :
Hélas ! s'il fait feu, tour-à-tour,
Nous allons brûler pour Marie.

Nargue du pédant Apollon
Et de sa docte compagnie !
Ils nous feraient une chanson
Bonne pour la vierge Marie.

La rime et la raison d'accord
Produiraient la monotonie :
Convenez-en, raison a tort
Quand on la voit devant Marie.

La pensée et le sentiment
Sont gênés par la symétrie ;
Et l'on sent naturellement
Que cela vient près de Marie.

Amis, voyez son grand œil noir,
Voyez sa figure jolie ;
Et de tout ce qu'on aime à voir,
Jugez en regardant Marie.

Voyez encore à ses appas
Comme la gaîté se marie !
Non, l'esprit ne le cède pas
Même à la beauté chez Marie.

L'œuvre du Saint-Esprit, dit-on,
Par Gabriel fut accomplie :
Chacun, de la même façon,
Voudrait l'opérer pour Marie.

M. JAME.

A MADAME L. C***,

(5) Air : *Du partage de la richesse.*

Pour vous fêter, ô vous que j'aime,
Dans mes vers que puis-je exprimer?
On a tout dit; Apollon même
N'a plus rien de neuf à rimer.
Quoi! sans cesse Junon, les Grâces,
Vénus, Minerve, Hébé, l'Amour!...
Les traînerai-je sur vos traces?
Non, non... cherchons un nouveau tour!

Dans ses bosquets, Flore m'inspire,
Hélas! de nouvelles fadeurs;
De sa corbeille, irai-je dire
Que vous effacez les couleurs?
Sur votre sein, que lis et rose
Séduisent nos yeux tour-à-tour?...
On a tant dit la même chose!
La répéterai-je à mon tour?

Loin de moi la Mythologie!...
Sur le Parnasse, avec ses Sœurs
Laissons le Dieu de l'harmonie!
Et que Flore garde ses fleurs!

Du sentiment la douce ivresse
Me suffira seule en ce jour;
Lorsque le cœur au cœur s'adresse,
A parler c'est toujours son tour.

M. F. Louis.

A UNE JEUNE MARIE.

(5) Air : *Avec les jeux dans le village.*

A ta fête, vierge charmante,
Je n'ai point de fleurs à t'offrir;
Il n'en est pas d'assez brillante
Pour te parer, pour t'embellir.
Non, non, je n'en connais aucune
Qui méritât ton agrément....
On ferait mieux de t'en prendre une
Que de vouloir t'en donner cent.

Guichard.

POUR UNE MARIE.

(14) Air de *la Croisée*.

De la Nature enfant gâté,
Le bonheur suit toujours mes traces;
Je possède esprit et bonté,
Je possède toutes les grâces :
Vertus, talens, finesse et goût,
Le don de plaire et modestie;
En un mot je possède tout,
 En possédant Marie.

Pour moi l'Amour fit un bouquet
De fleurs tendrement nuancées,
Rose vermeille et noir œillet,
Blanc jasmin et douces pensées;
De nectar le Dieu l'arrosa,
Et le parfuma d'ambroisie :
Je baise encor ce bouquet-là,
 En embrassant Marie.

L'Amour fut le Dieu des Païens,
Aujourd'hui son culte est profane;
A l'abjurer, de nos Chrétiens
La loi sévère nous condamne :

Rassurez-vous, Grâces, Amours,
Nous gardons notre idolâtrie,
Et nous vous adorons toujours,
   En adorant Marie.

M. DE SÉGUR aîné.

A UNE MARIE.

(4). Air : *Femmes, voulez-vous éprouver ?*

De Marie ayant cru long-temps
Que le nom cachait un mystère,
Je m'en fis expliquer le sens
Par l'aimable Dieu de Cythère.
Ce nom, dit-il, fait pour charmer,
Convient à la plus tendre amie ;
En effet, le doux mot *aimer*
Est l'anagrame de MARIE.

RONDE DE TABLE,

CHANTÉE CHEZ M.me MARIE DESAUGES,

Le 14 Août 1811, veille de sa fête.

Air : *Sont des navets au sucre.*

Secondez mon envie,
Amis de la maison,
Aidez-moi, je vous prie,
A dire en ma chanson :
  Et zon, zon, zon !
Chantons à l'unisson,
    Marie
    Tant chérie !

CHORUS.

  Et zon, zon, zon !
Chantons à l'unisson,
    Marie
    Tant chérie !

Mon refrain est antique,
C'est une vérité ;
Mais la gaîté gothique

Est la bonne gaîté.
>> Et zon, zon, zon! etc.

Le Ciel qui récompense
A jamais les bons cœurs,
Doit, juste en sa clémence,
La combler de faveurs.
>> Et zon, zon, zon! etc.

Point ne demeura vierge,
Après certains ébats;
Et pourtant plus d'un cierge
Brûla pour ses appas.
>> Et zon, zon, zon! etc.

Au comptoir quand Marie
Brille à l'œil satisfait,
C'est la rose chérie
Au milieu d'un bouquet.
>> Et zon, zon, zon! etc.

De n'imiter personne
Elle peut se flatter;
Mais on la sait si bonne,
Qu'on voudrait l'imiter.
>> Et zon, zon, zon! etc.

A celle que je chante,
Buvons tous, tour-à-tour;
Que l'aurore naissante
Nous trouve à son retour.
 Et zon, zon, zon! etc.

Chantons à cette table
Notre *ave, Maria:*
Sur un sujet aimable
Nul ne reste à-quia.
 Et zon, zon, zon! etc.

Si l'autre *fut bénie*
Entre mille beautés,
Bénissons notre amie
Pour toutes ses bontés.
 Et zon, zon, zon! etc.

A notre vierge mère
Dieu fit faire un enfant;
Sans miracle, sur terre,
Marie en fit autant.
 Et zon, zon, zon! etc.

Priez pour nous, Marie,
Priez, dit-on, aux cieux;

Nous prions notre amie
De recevoir nos vœux.
 Et zon, zon, zon! etc.

Ainsi, qu'elle nous aime
Sans aucun examen,
Comme ici chacun l'aime,
Et nous dirons : *Amen*.
 Et zon, zon, zon!
Chantons à l'unisson,
  Marie
 Tant chérie!

CHORUS.

Et zon, zon, zon!
Chantons à l'unisson,
  Marie
 Tant chérie!

M. F. Mayeur.

A MARIE.

(4) Air : *Adieu, je vous fuis, bois charmans.*

Jupiter, auprès de Léda,
En cygne se métamorphose,
Et, grâce à ce changement-là,
A ses désirs rien ne s'oppose.
Marie eut autant de bonheur;
Car formant un dessein étrange,
L'Amour, pour vaincre sa froideur,
Prit soudain la forme d'un Ange.

Marie était jeune, et son cœur
Fit pourtant quelque résistance;
Mais l'Amour sut en sa faveur
Adroitement tourner la chance.
De sa robe il froisse les plis,
Son joli corset se dérange;
On peut entrer en Paradis
Lorsqu'on a la forme d'un Ange.

Pleine de grâces, de fraîcheur,
Plus belle que n'était Marie,
Chacun voudrait, pour son bonheur,
Auprès de vous passer sa vie.

En proie au plus doux sentiment,
Et sans craindre que l'on en change,
Croyez que pour faire l'enfant
Chacun s'y prendrait comme un Ange.

SALUTATION

A UNE JOLIE DÉVOTE.

Quoique je ne sois pas l'archange Gabriel,
Agréez mon salut, mes vœux et mes louanges;
On vous aime ici-bas au moins autant qu'au ciel,
   Et votre fête est un jour solennel
     Pour les Amours et pour les Anges.

M. DE B***.

A UNE MARIE,

QUI N'AVAIT POINT ENCORE EU D'ENFANS.

(21) Air : *Pour la Baronne.*

Votre Patronne
Fit un enfant sans son mari ;
Bel exemple qu'elle vous donne ;
N'imitez donc pas à demi
   Votre Patronne.

   Pour cette affaire
Savez-vous comme elle s'y prit ;
Comme vous n'en pouvant point faire,
Elle eut recours au Saint-Esprit
   Pour cette affaire.

   La Renommée
Vante partout ce fait galant ;
Elle n'en est que plus famée ;
Que craignez-vous en l'imitant ?
   La Renommée.

Beau comme un ange
On dit que Gabriel était ;
Mais vous ne perdez rien au change :
L'objet qui plaît est en effet
Beau comme un ange.

Belle Marie,
Si j'étais l'archange amoureux
Destiné pour cette œuvre pie,
Que pour vous je ferais de vœux,
Belle Marie.

M. le Chevalier DE BOUFFLERS.

A M.me LA COMTESSE DE ***,

ET A SA FILLE AGÉE DE NEUF ANS,

LE JOUR DE LA SAINT MARTIN.

(16) Air : *Que ne suis-je la fougère !*

Thaïs, le printemps se passe,
Il faut nous en consoler ;
Oui, l'hiver qui le remplace,
Près de toi peut l'égaler.
Sont-ce les fleurs qu'on regrette ?
Ton visage en est semé ;
Te voir avant ta toilette,
C'est se croire au mois de mai.

Des jours où naît le feuillage,
Un des charmes précieux
Est le séduisant ramage
Du rossignol amoureux ;
Dis-nous ta chanson nouvelle,
Et nous allons convenir
Que le chant de Philomèle
Commence au lieu de finir.

Du règne charmant de Flore,
Dont je trace le tableau,
Près de toi ta fille encore
Offre un emblême nouveau.
Je veux vous placer ensemble
Dans ce couplet de chanson,
Comme le printemps rassemble
La rose près du bouton.

De Pezai.

IMPROMPTU

A UNE JOLIE FEMME,

Qui donnait une fête le jour de Saint Pierre, son Patron.

Avec votre Patron, séduisante Pierrette,
Vous avez partagé les plus rares faveurs ;
Des clés du Paradis il obtint la conquête,
    Et vous laisse la clé des cœurs.

M. du Rouve-Savi.

A UNE DAME NOMMÉE LA PIERRE.

Air : *Mon honneur dit, etc.*

Le petit Dieu qu'on aime et qu'on révère,
Pour nous tenter, nous offre vos attraits;
Il nous séduit, et vous êtes la pierre
Dont il se sert pour aiguiser ses traits.
Il fit de vous une pierre aimantée
Qui nous retient sans cesse à vos genoux.
Heureux qui peut, d'une main assurée,
Faire avec vous d'une pierre deux coups!

Non, non, jamais, quoi qu'on dise et qu'on fasse,
Ne jetterai la pierre à mon prochain;
Mais je voudrais qu'Amour me fît la grâce
De la jeter souvent dans mon jardin.
J'en pourrais faire une pierre de touche,
Pour vous prouver que mon cœur est constant;
En l'approchant tant soit peu de ma bouche,
Je connaîtrais un plus doux sentiment.

Presque toujours sur la pierre d'attente
Je resterais sans par trop m'ennuyer,
Si j'espérais qu'à ma voix gémissante
Votre cœur dût de temps en temps céder.

Mais vos beaux yeux sont la pierre infernale,
Qui brûle tout sans vouloir nous guérir,
Et qui, bien plus que la philosophale,
Donne l'espoir, sans jamais le tenir.

L'on voit souvent la pierre herborisée
Faire à nos yeux un séduisant effet;
Mais j'aime mieux celle qui, bien coignée,
Tire du feu de mon petit briquet :
Je la préfère à la plus belle agate,
A la topase, à l'or, au diamant;
Mais je crains bien que celle qui me flatte
Ne soit pour moi pierre d'achopement.

M. le Chevalier DE BOUFFLERS.

CHANSON

FAITE EN PRISON, POUR LA FÊTE DE Mme C*** (S. Pierre).

(8) Air : *Comment goûter quelque repos ?*

Pierre fut un de ces mortels
Qu'adora la sainte ignorance ;
Long-temps il obtint dans la France
Des oraisons et des autels :
Maintenant la philosophie
Veut oublier jusqu'à son nom ;
Mais quand Pierre est votre Patron,
Je ne puis croire qu'on l'oublie.

Pierre, comme nous, a langui
Dans une prison redoutable ;
Mais les doux plaisirs de la table
N'y consolaient point son ennui.
Plus malheureux encor peut-être,
Il n'y connaissait pas l'amour ;
Et qui vous voit dans ce séjour,
Est du moins sûr de le connaître.

Pierre a les clés du Paradis,
Nous disait le pieux grimoire ;
Chacun de nous daignait le croire,
Chacun voulait s'y voir admis.

Il en est un dont sur la terre
Vous avez bien les clés aussi ;
Nous aurions tous pour celui-ci
Déserté celui de saint Pierre.

Entre eux je soupçonne pourtant
Une ressemblance certaine ;
On n'entrait dans l'un qu'avec peine,
Il doit de l'autre en être autant ;
Mais le vôtre en ceci l'emporte ;
A la chasteté Pierre ouvrait :
Près de vous qui s'en prévaudrait,
Resterait toujours à la porte.

Je me souviens de certain trait
Qu'en riant toujours on répète ;
Celui de gentille Perrette
Tombant avec son pot au lait ;
Un fol espoir en fut la cause,
De grâce ne l'imitez pas :
Si vous faites quelques faux pas,
Qu'Amour y soit pour quelque chose.

M. VIGÉE.

A ROSE ***.

(21) Air : *Bouton de rose.*

Le nom de Rose
A juste droit te fut donné :
L'Amour, qui prévoit toute chose,
En naissant t'avait destiné
    Le nom de Rose.

Partout des roses
Sur tes pas fixent le plaisir;
Il en est qui sont lettres closes;
Mais je vois des yeux du désir
    Partout des roses.

C'est une rose
Qui sur ton sein s'épanouit;
Lorsque ta bouche à demi-close
Avec finesse nous sourit,
    C'est une rose.

Bouton de rose
Se débat sous le clair linon;

Si ton sein jamais ne repose,
C'est que tu retiens en prison
    Bouton de rose.

    C'est une rose
Dont Flore se pare au printemps ;
Si dans ses bras Zéphyr repose,
Quel charme a fixé l'inconstant ?
    C'est une rose.

    Parfum de rose
S'exhale et vient nous effleurer.
Heureux l'Amour, si l'Amour ose
Presser ta bouche et respirer
    Parfum de rose !

M. Giraud.

LA FÊTE DE ROSE.

Air : *Charmante Gabrielle.*

De Rose c'est la fête,
Célébrons ses attraits :
L'Amour est sa conquête,
Et lui doit tous ses traits ;
Cependant elle ignore
   Les dons qu'elle a ;
Mais je lui sais encore
   Mieux que cela.

Ah ! Dieux ! quel mortel ose
Braver cet air fripon ?
Voyez ce teint de rose,
Ce bras, ce pied mignon.
En dansant elle ignore
   Le don qu'elle a ;
Mais je lui sais encore
   Mieux que cela.

Cette taille élégante
Est celle de Thisbé ;
C'est la voix de Canente,
Le sourire d'Hébé.

En chantant elle ignore
  Le don qu'elle a;
Mais je lui sais encore
  Mieux que cela.

Son regard adorable
Peint tous ses sentimens;
Son esprit agréable
Lance des traits charmans.
En parlant elle ignore
  Le don qu'elle a;
Mais je lui sais encore
  Mieux que cela.

Son cœur tendre et sensible
Est son premier attrait;
Par un charme invincible
Il intéresse, il plaît :
C'est l'ensemble fidèle
  Des dons qu'elle a;
Je ne sais rien en elle
  Mieux que cela.

Le Duc de Nivernois.

A ROSE.

(5) Air : *J'ai vu partout dans mes voyages.*

Lorsqu'au moment de ta naissance
Il fallut te donner un nom,
On accorda la préférence
A Rose, et l'on eut bien raison;
Nature, qui de tout dispose,
Voulut y joindre une faveur;
Dès l'instant qu'on te nomma Rose,
Elle t'en donna la fraîcheur.

Souvent une épine cruelle
D'un bouton punit le larcin;
Faut-il sur la fleur la plus belle
Qu'on tremble de porter la main?
Mais quand ta séduisante mine
En nous fait naître le désir,
Aimable Rose, ton épine
N'est que l'aiguillon du plaisir.

M. J. Gentil.

A M.lle ROSE DE TOTT.

(3) Air : *Vous l'ordonnez, etc.*, de Paësiello.

Zéphyre, Amour, aux roses sont fidèles;
Est-il pour eux des objets plus flatteurs ?
Rose de Flore est la reine des fleurs;
Rose de Tott est la reine des Belles.

Le Brun.

FÊTE D'UNE SUZANNE.

(5) Air : *Tout roule aujourd'hui dans le monde.*

Les Dieux buvant à table ronde,
Amis, dit l'un d'eux, voulez-vous
Reprendre faveur dans le monde,
Et qu'on y parle un peu de nous ?
Aux plus aimables des mortelles
Fesons tous quelque joli don;
L'on n'y réussit que par elles,
Et leur voix y donne le ton.

Moi, dit l'Amour, à la plus belle
Je fais présent d'un de mes traits,
Et d'une fraîcheur naturelle
Qui rende immortels ses attraits.
L'Amitié dit qu'à la plus tendre
Elle donnoit ses nœuds de fleurs,
Et qu'elle aurait, sans y prétendre,
Le choix et l'empire des cœurs.

Vénus, à la plus amusante
Fit présent des plus doux appas,
Et d'une grâce complaisante
Pour accompagner tous ses pas.

Minerve offrit pour la plus sage
Un égide où les traits du Sort
S'émousseraient tous au passage,
Et se briseraient sans effort.

A celle dont l'esprit solide
Brille de l'éclat le plus pur,
A celle dont le goût décide
Par le sentiment le plus sûr,
Je veux, dit le Dieu de la lyre,
Adresser mes vœux et mes chants;
C'est le cœur qui me les inspire;
Les plus vrais sont les plus touchans.

Qui fut chargé de ce message?
Ce fut l'aimable Vérité.
De ces dons le juste partage
Fut remis à son équité.
A les placer elle s'empresse;
Mais bientôt ayant deviné
Qu'ils avaient tous la même adresse,
A Suzanne elle a tout donné.

MARMONTEL.

A MADAME V***,

A qui j'avais depuis long-temps promis un *Quatrain* pour le jour de sa fête (Sainte Suzanne).

(2) Air : *Daigne écouter, etc.*

Je vous devais, pour la fête nouvelle,
Un bon quatrain; mais comment vous l'offrir?
De vos talens chanter la kyrielle
Est une histoire à ne jamais finir.

En vous fêtant, adorable Suzette,
C'est votre époux que je fête aujourd'hui :
La fleur vous plaît, et non pas la fleurette;
Chacun vous aime, et vous n'aimez que lui.

Certain poupon, qui sera votre image,
Révèlera le bonheur de ses feux :
Certain bouquet dont il vous fit l'hommage,
De ce poupon fut le prélude heureux.

La fleur vous plut, et non pas la fleurette;
La preuve en est plus claire que le jour :
Heureux cent fois celui qui peut, Suzette,
Vous présenter le bouquet de l'Amour!

Le Brun.

A MADAME DE ***,

DONT SAINTE SUZANNE EST LA PATRONNE.

En vrai lion, la première Suzanne
  Se défendit contre deux vieux coquins,
Qui, pour ses deux yeux noirs et ses appas divins
    Brûlaient d'un feu plus que profane;
  C'était beaucoup de résister à deux;
  Mais contre un seul tout de bon se défendre,
Contre un seul, jeune et beau, respectueux et tendre,
Insinuant et vif, amateur des yeux bleus,
Que protège l'Amour, que le moment seconde,
Le triomphe serait encor plus glorieux :
  Qu'en dites-vous, Suzanne la seconde?

A SUZANNE.

Votre Patronne, à très-bon compte,
Eut les honneurs de la vertu :
Pouvait-elle céder sans honte ?
Elle n'avait point combattu,
Quand elle repoussa l'audace
De ses tristes et vieux amans:
Pour capituler avec grâce,
Il faut des vainqueurs de vingt ans.
Si Vénus, qui fut sans défense
Pour un très-jeune favori,
Eut pour Vulcain quelque indulgence,
C'était par pure bienséance :
On sait qu'il était son mari.
Vous n'êtes jamais obsédée
D'ennuyeux et tristes combats;
Les Adonis sont sur vos pas,
Au lieu des vieillards de Judée.
Mais aux assauts de chaque jour
Une nouvelle résistance,
Et l'on vous voit traiter l'Amour
Comme un enfant sans conséquence.

Vous n'êtes pas même en courroux
Quand on vous parle son langage :
Quel travers d'être toujours sage,
Quand on fait tant d'aimables fous !
Croyez-moi, folie et sagesse
Chez vous s'arrangeraient au mieux :
Soyez Suzanne pour les vieux ;
Soyez Vénus pour la jeunesse.

Doigny.

A M.lle SOPHIE M***,

POUR LE JOUR DE SA FÊTE

Entre nous, de votre Patronne,
Je connais fort peu les vertus;
Je ne suis point de ces reclus
Enfans chéris de la Sorbonne,
Vivant de messes, de saluts,
Sachant par cœur quel jour on sonne
Pour l'Église et pour ses élus.
Mais si le Ciel fut le partage
De la grâce unie au talent,
De l'esprit joint au sentiment;
Sans m'embarrasser davantage,
Sans feuilleter livres pieux,
Pour y chercher le personnage
Qu'aujourd'hui l'on fête en tous lieux,
La Sainte est présente à mes yeux,
A vos pieds je lui rends hommage.

M. Vigée.

A THÉRÈSE.

Air : *Voulez-vous savoir les on dit?*

Pour Claude, Antoine ou Nicolas,
  J'ai fait cent couplets bêtes ;
Et je l'avoûrai, j'étais las
  De rimer pour des fêtes.
    Chanter est mon fort,
    Mais il faut d'abord
  Que le sujet me plaise;
    Aussi, Dieu merci,
    De grand cœur, ici,
  Je vais chanter Thérèse.

Pour ses grâces, pour sa beauté,
  Si partout on l'adore,
Pour son esprit, pour sa gaîté,
  Nous l'aimons plus encore.
    Dans ses traits jolis
    Je vois rose et lys;
  Sur sa bouche est la fraise.
    Oui, Flore et l'Amour
    Ont fait tour-à-tour
  Leurs présens à Thérèse.

De charmer elle a le secret,
　　Et, lorsque chacun l'aime,
Je puis, sans paraître indiscret,
　　L'aimer aussi moi-même;
　　　　Mais sans intérêt,
　　　　On le lui dirait,
　　　Puisque (par parenthèse),
　　　　Bravant les jaloux,
　　　　Son heureux époux
　　Peut seul plaire à Thérèse.

On pourrait avec plus d'esprit
　　Dire la même chose;
Mais si Thérèse me sourit,
　　J'aurai gagné ma cause.
　　　　Laissant les auteurs,
　　　　De vers enchanteurs
　　　Orner une fadaise,
　　　　Moi, tout bonnement,
　　　　Et sans compliment,
　　Je dis : j'aime Thérèse.

Thérèse, jugez sans rigueur
　　Une chanson légère;
Pour des vers dictés par le cœur
　　Ne soyez point sévère.

Quoiqu'ils soient mauvais,
De les avoir faits
Je ne me sens pas d'aise;
Et j'ai raison, car
Ils finiront par
Un baiser de Thérèse.

M. Armand Gouffé.

A UNE THÉRÈSE.

La légende a pu vous apprendre
Que votre Patronne pour Dieu
A brûlé du plus tendre feu :
Son exemple aurait dû vous rendre
Je ne dis pas sainte, mais tendre.
Il ne faut pas exactement
A son goût conformer le vôtre :
Jésus-Christ était son amant ;
Vous en pouvez aimer un autre ;
Mais tâchez de l'aimer autant.
Apprenez sur le Diable un bon mot de Thérèse :
« Il est bien malheureux, dit-elle, il n'aime point » !
Ma Bergère, je suis bien aise
Que vous méditiez sur ce point ;
Car vous n'aimez, dit-on, personne ;
Et je vois, les larmes aux yeux,
Que vous ressemblez beaucoup mieux
Au Diable qu'à votre Patronne.

A M.lle THÉRÈSE AGLAÉ ***.

(4) Air : *Le premier cri de l'innocence.*

Ma jeune cousine, à treize ans,
Parmi les Saintes avait place;
Mais elle prit, à quatorze ans,
Les traits et le nom d'une Grâce.
Ovide n'a jamais chanté
Si gentille métamorphose :
Thérèse devint Aglaé,
Comme un frais bouton devient rose.

Sous deux noms charmans, tour-à-tour,
Elle m'inspira la tendresse;
L'amitié fit place à l'amour,
Comme l'enfance à la jeunesse :
Mes vœux sans cesse combattus,
Sans se trahir suivent ses traces;
L'ami respecte ses vertus,
Quand l'amant admire ses grâces.

M. Hennet.

A VICTOIRE.

(4) Air : *J'étais bon chasseur autrefois.*

Des conquérans les plus fameux
Je blâmais jadis la folie ;
Triompher aujourd'hui comme eux,
Ferait le bonheur de ma vie :
Je partage leur noble ardeur,
Comme eux je cours après la gloire,
Et je sens déjà que mon cœur
Palpite au nom seul de Victoire.

Puissé-je un jour, soldat heureux,
Du vainqueur ceindre la couronne !
Un trophée est si précieux
Lorsque c'est l'Amour qui le donne....
Il offre à mes regards surpris
Le vrai plaisir joint à la gloire ;
Et mon cœur vivement épris
Ne désire plus que Victoire.

Trop fiers héros, un vain laurier
Est le prix de votre conquête :
Pour moi, plus fortuné guerrier,
C'est le myrte qui ceint ma tête....

Je puis, malgré tous mes rivaux,
Espérer le prix de la gloire;
L'Amour combat sous mes drapeaux,
Et notre devise est Victoire.

L'auteur près de vous doit trembler
De paraître un peu téméraire;
Car il faudrait vous ressembler
Pour être sûr de toujours plaire.
S'il avait dans l'art de charmer
Acquis moitié de votre gloire,
On pourrait ne pas le blâmer
D'avoir osé chanter Victoire.

M. Bonnaud.

A MADAME C. D***,

POUR SA FÊTE.

(16) Air : *Que ne suis-je la fougère !*

Pour une fête charmante,
A jamais chère à nos cœurs,
De Zéphir la jeune amante
En vain prodigua les fleurs ;
Apollon t'en offre encore,
Et me charge du panier :
Du galant rival de Flore
L'Amour est le jardinier.

(15) Air : *J'avais à peine dix-sept ans.*

Ces fleurs, dont l'éclat peu commun
    Embellit une fête,
Ont, par leur enivrant parfum,
    Tourné plus d'une tête :
Mais si pour un cerveau léger,
    Leur odeur est funeste,
On peut les offrir sans danger
    Au mérite modeste.

Air : *En quatre mots je vais vous conter ça.*

Grâces, beauté, vertus, esprit, talens,
Des dons les plus brillans
Ces fleurs portent les noms charmans.
Mais quand on reçoit l'emblême,
Il faut posséder soi-même
La réalité :
Car si la fleur est sans la qualité,
Elle donne au défaut plus de difformité.
Aussi deux fleurs pour maint objet
Font un fort gros bouquet.

Air : *Nous nous marirons dimanche.*

Mais autre embarras,
Lorsqu'à tant d'appas
Un pareil tribut s'adresse ;
Claire à tous les dons
Dit : Phœbus, cueillons
Fleurette de toute espèce.
Fleur pour attrait ?
Cela te plaît
A dire :
Trop peu discret
Est ton projet,
Beau sire ;

Car, tout grand qu'il est,
Pour un tel bouquet
Ton jardin ne peut suffire.

Air : *O vous qui vous laissez séduire.*

Ah ! j'ai pour me tirer d'affaire,
Reprend le Dieu, certaine fleur
Dont jamais, hors de mon parterre,
N'a brillé l'éclat enchanteur.
De tout ce qui séduit, entraîne,
Elle peint la réunion :
C'est la fleur de perfection ;
Profitons de l'occasion,
Et que Clarisse en ait l'étrenne.

(5) Air : *Avec les jeux dans le village.*

Je t'ai remis, charmante Claire,
Le tribut qu'il t'offre en ce jour.
A son vieux commissionnaire
N'as-tu rien à dire à ton tour ?
Ce discours semble te surprendre !
L'intérêt touche peu mon cœur ;
Mais Apollon m'a fait entendre
Qu'un baiser paîrait le porteur.

M. DE MIRAMOND.

A MADAME P***,

EN LUI OFFRANT UNE IMMORTELLE.

Parmi tant de bouquets qu'on doit vous apporter
  Au jour heureux de votre fête,
L'immortelle est la fleur que je viens présenter :
Elle est de l'amitié l'emblème et l'interprète.
Dans l'Orient jaloux on parle par des fleurs.
L'Amour ingénieux inventa ce langage.
L'on sait faire à-la-fois respirer leurs odeurs,
  Admirer leurs belles couleurs,
  Et, par leur divers assemblage,
L'on peint ou son respect ou ses vives ardeurs.
Souffrez donc que j'imite un si charmant usage;
Mais sans oser prétendre au bonheur d'un amant,
De l'oubli de l'amour sans doute on se console,
Quand on obtient de vous le tendre sentiment
  Dont mon bouquet est le symbole.

M. Castera.

A MADEMOISELLE ***,

LE JOUR DE SA FÊTE.

(15) Air : *Philis demande son portrait.*

Ma lyre est facile à monter,
   Lorsque le sujet prête :
S'il en est d'ingrat à traiter,
   C'est celui d'une fête ;
Mais celle-ci doit s'excepter ;
   Car auprès de Thémire,
Le cœur, toujours pour la chanter,
   A quelque chose à dire.

C'est à qui, dans ce jour heureux,
   Lui prouvera son zèle ;
De ce sentiment généreux
   Thémire est le modèle ;
Lys, œillet, rose, *et cœtera*,
   Flore a tout fait pour elle ;
Mais Thémire de ces fleurs-là
   Est encor la plus belle.

Son âme naïve et sans fard
  Se peint sur sa figure ;
Thémire ne doit rien à l'art,
  Mais tout à la nature ;
Et pour captiver tous les cœurs
  Enchaînés sur ses traces,
Elle joint les talens aux mœurs,
  Et la décence aux grâces.

Qui pourrait avoir au bonheur
  Plus de droit que Thémire ?
Qu'à la fêter avec ardeur
  Chacun de nous conspire !
Puisse, semant des jours si beaux
  De fleurs toujours nouvelles,
Le Temps pour elle être sans faux,
  Comme Amour est sans ailes !

M. Rauquil-Lieutaud.

A MADEMOISELLE FANIER,

LE JOUR DE SA FÊTE, A LA FIN DU CARNAVAL.

Air : *Il est toujours le même.*

Toujours, toujours, elle est toujours la même;
  Narguant l'amour,
  L'inspirant tour-à-tour;
  Plus fraîche chaque jour,
  Sans aucun stratagême;
  Conservant sa gaîté,
  Comme sa liberté,
Toujours, toujours, elle est toujours la même.

Il me faudrait le talent de Barême
  Pour calculer
  Et pour bien détailler
  Ce qui fait raffoller
  Dans la sainte que j'aime;
  Tantôt son cœur séduit,
  Tantôt c'est son esprit.
Toujours, toujours, etc.

Lise ou Marton, sa finesse est extrême,
L'âme et le feu
Pétillent dans son jeu ;
Elle est coquette un peu ;
Le dire, est-ce un blasphême ?
Cent fois on s'y prendra,
Cent fois elle en rira.
Toujours, toujours, etc.

Voici venir l'Abstinence au teint blême ;
Le beau moment
De parler sentiment ;
Rien n'est tel qu'un amant
Pour passer le carême.
Bon, je l'entends déja
Qui dit : « Point de cela ».
Toujours, toujours, etc.

Point de cela !... C'est un maudit système.
Dans nos bouquets,
Amour, glisse tes traits,
Rappelle tes hauts faits...
Tu vainquis Polyphême ;
Dompte un enfant mutin,
Et chantons en refrain :
C'est fait, c'est fait ! elle n'est plus la même.

DORAT.

A UNE MÈRE,

Par sa Fille, qui, dans une maladie, avait long-temps été privée de la parole.

(7) Air : *Un soir dans la forêt prochaine.*

Dans ces doux momens d'allégresse,
Maman, dois-je t'entretenir
D'un pénible et doux souvenir
Toujours présent à ma tendresse ?
Quand tu me prodiguais tes soins
Pour ranimer mon existence,
Ma bouche gardait le silence ;
Mais mon cœur n'en pensait pas moins.

En ce jour ta fille attendrie
Peut faire usage de sa voix ;
Elle peut mille et mille fois
Redire à sa mère chérie :
Quand tu me prodiguais tes soins
Pour ranimer mon existence,
Ma bouche gardait le silence ;
Mais mon cœur n'en pensait pas moins.

Maman, accepte mon hommage,
Pare ton sein de cette fleur;
De ma reconnaissante ardeur
Qu'elle te soit un témoignage!
Puissent ma tendresse et mes soins
Charmer aussi ton existence!...
Mais on m'écoute... on fait silence...
Tous les cœurs n'en pensent pas moins.

M. F. Louis.

A MADAME DE FLOGNY.

(5) Air : *De l'amour et du temps.*

C'est vers la saison printanière
Que, sous l'haleine du zéphyr,
Cette rose, dans le parterre
Devait naître pour l'embellir.
Flore, sensible à ma prière,
Plus tard la fit s'épanouir,
Pour qu'à votre fête si chère
Je pusse aujourd'hui vous l'offrir.

M. Regnault-Beaucaron.

RADOTAGE.

A MADAME DE M***.

LE JOUR DE SA FÊTE.

Air : *Si l'on en croit Manon, ma mie.*

Si l'on en croit la calomnie,
(D'autres que moi diraient l'envie),
  Je suis un méchant
    Garnement,
    Entiché
    D'un péché
    Et d'un goût
    Que partout
    A la ronde
      L'on fronde;
    Dès ce monde,
    Condamné
    Et damné
    Pour avoir
    Au devoir
    Qui m'ennuie,
  Préféré les désirs,
    Les plaisirs

Et les jeux
Amoureux,
Seuls soutiens
Et seuls biens
De la vie.

J'en conviens,
A Momus,
A Bacchus,
A Thalie,
A l'Amour,
Je sacrifie
Nuit et jour ;
Mais dans mon délire
Qu'on vienne à me dire :
« L'Amitié vous attend »!
Quittant
Tout à l'instant,
Je vole vers celle
Qui m'appela,
Et lui dis : « Ma belle,
Me voilà »!

Or, ce matin,
Certain
Lutin

Mit
Un petit
Papier
Sous mon oreiller;
Je l'ouvre,
Et découvre
Qu'on va fêter,
Chanter,
Complimenter
Belle au doux regard,
Aimable sans art,
Rougissant sans fard,
Et plaisant comme par
Hasard;
Modèle
D'amour maternelle;
Faisant pour son petit
Ce que sa mère fit
Pour elle.
Sœur complaisante,
Amie indulgente,
Fille reconnaissante,
Et, qui pis est,
Femme constante,
Seul défaut qu'on lui connaît.
Plus, le billet

Voulait
Qu'en un couplet
Je fisse
L'esquisse
De ce qui chez elle nous plaît ;
Mais, d'après ma confession,
Votre perfection
Me dérange :
Je suis, dit-on,
Par trop démon,
Pour célébrer un ange ;
Sachez-moi donc
Bon
Gré de mon
Silence....
Mais
Si jamais
Je mets
Ordre à ma conscience,
Je promets
Qu'aussitôt,
Et bien haut,
J'instruirai la France
De tout le bien, qu'hélas !
Je pense
Tout bas.

M. Arsène.

RONDEAU

A MADAME DE ***,

LE JOUR DE SA FÊTE.

Sans qu'on vous donne, adorable Glycère,
Riches bouquets, on peut rendre tout bas
A vos attraits un hommage sincère.
J'offre une fleur; ne la dédaignez pas;
Si n'est assez, que puis-je pour vous plaire ?

Donner des vers ! je n'ai que du fatras :
Donner de l'or ! je n'en possède guère :
Puis, je vous crois assez riche ici-bas,
    Sans qu'on vous donne.

Donner des cœurs ! c'est le style ordinaire :
Un cœur donné nous tire d'embarras;
Mais reste-t-il, où brillent vos appas,
Cœurs à donner ? Non, non, on a beau faire,
Et vous prenez toujours en pareil cas,
    Sans qu'on vous donne.

IMBERT.

A MADEMOISELLE DE S***,

POUR LE JOUR DE SA FÊTE.

Vous réunissez tant de charmes!...
Et ce sont des trésors perdus!
L'Amour sur eux verse des larmes,
L'Hymen prétend qu'ils lui sont dus.
Ah! de lui que pouvez-vous craindre?
Oui, j'ai connu plus d'un mortel
Trop amoureux pour savoir feindre,
Brûlant de vous suivre à l'autel,
Pour y jurer d'aimer sans cesse
Ce qu'en vous j'aimerai toujours;
Mais ce qu'un amant sans détours
Aime encor mieux dans sa maîtresse.
L'Amitié seule a tous vos vœux;
Joignez le plus charmant des Dieux
A la plus aimable Déesse :
C'est le secret des cœurs heureux.

Madame DE B***.

A M.lle DANGEVILLE,

LE JOUR DE SA FÊTE.

Air : *Ami, dans quel lieu du monde.*

Vive, vive Dangeville
Qui nous enchante d'un regard,
Charme la Cour et la Ville,
Et daigne plaire à Vaugirard !

L'heureux talent qui brille en elle,
Lui donne-t-il plus de fierté ?
Non, vraîment ; elle est immortelle,
Et ne s'en est jamais douté.
 Vive, vive, etc.

Depuis qu'elle a quitté la scène,
Les jeux, les ris ont délogé ;
Les Grâces, pour suivre leur Reine,
Ont toutes voulu leur congé.
 Vive, vive, etc.

Amitié, candeur et droiture,
Mille séduisantes vertus,

Enfant gâté de la nature,
Tous les bons lots lui sont échus.
　　Vive, vive, etc.

En m'écoutant chacun regrette
De la voir si mal encenser;
Mais son nom dans ma chansonnette,
Et mon refrain font tout passer.
　　Vive, vive, etc.

LEMIERRE.

A UNE AMIE,

EN LUI OFFRANT UN OEILLET.

(5) Air : *C'est à mon maître en l'art de plaire.*

Pour mieux fleurir celle que j'aime,
Je voulais former un bouquet;
Mais mon embarras est extrême,
En ne rencontrant qu'un œillet.
Je sais qu'il faudrait bien des choses
Pour'que ce bouquet fût complet;
Mais tu peux y joindre des roses
En le plaçant dans ton corset.

A M.me LA D.sse DE DEVONSHIRE.

(3) Air : *Je suis Lindor, etc.*

Je veux chanter la Beauté qui m'inspire,
Fleur de jeunesse et maintien gracieux,
Beauté qui charme et l'oreille et les yeux
Par un seul mot, par un tendre sourire.

Dès qu'on la voit, un charme involontaire
Saisit le cœur et défend d'espérer ;
Tous les mortels sont faits pour l'adorer :
C'est aux Dieux seuls de prétendre à lui plaire.

Je tais son nom ; mais l'Amour qui désire
Par tant d'appas faire adorer ses lois,
Du bout d'un trait choisi dans son carquois
Écrit au bas le nom de Devonshire.

Si l'on s'amuse à peindre cette Belle,
Du portrait seul le cœur est enchanté.
Est-elle absente, on le trouve flatté :
Quand on la voit, on le juge infidèle.

IMBERT.

A M.me LA M.ise D'ALBERT.

(13) Air : *Sur un sofa, etc.*

Albert, dans ce jour de ta fête,
Selon l'usage des rimeurs,
A Flore, pour orner ta tête,
Je n'irai point ravir ses fleurs.

Ou bien te comparant aux Grâces,
Dans un madrigal ennuyeux,
En foule enchaîner sur tes traces
Les Ris, les Amours et les Jeux.

Ou sottement à ta Patronne
Avec emphase t'égaler;
Tu ne ressembles à personne :
Heureux qui peut te ressembler!

De Saint-Péravi.

MARIAGES.

ÉPITHALAME

POUR M. LE MARQUIS DE CANIT.

De votre fête, Hymen, voici le jour;
N'oubliez pas d'en avertir l'Amour.

Quand Jupiter, pour complaire à Cybèle,
Eut pris congé du joyeux Célibat,
Il épousa, malgré la parentelle,
Sa sœur Junon, par maxime d'Etat.
Noces jamais ne firent tant d'éclat;
Jamais Hymen ne se fit tant de fête;
Mais au milieu du céleste apparat,
Vénus, dit-on, criait à pleine tête :
De votre fête, Hymen, voici le jour;
N'oubliez pas d'en avertir l'Amour.

Vénus parlait en Déesse sensée;
Hymen agit en Dieu très-imprudent.
L'Enfant ailé sortit de sa pensée,

Dont contre lui l'Amour eut une dent.
Et de là vient que de colère ardent,
Le petit Dieu lui fait toujours la guerre,
L'angariant, le vexant, l'excédant
De cent façons, en chassant sur sa terre.
De votre fête, Hymen, voici le jour;
N'oubliez pas d'en avertir l'Amour.

Malheur toujours est bon à quelque chose.
Le blond Hymen maudissait son destin;
Et même Amour, qui jamais ne repose,
Lui déroba sa torche un beau matin.
Le pauvre Dieu pleura, fit le lutin :
Amour est tendre, et n'a point de rancune :
« Tiens, lui dit-il, ne sois pas si mutin;
Voilà mon arc; va-t-en chercher fortune » :
De votre fête, Hymen, voici le jour;
N'oubliez pas d'en avertir l'Amour.

Hymen d'abord se mit en sentinelle,
Saisi de l'arc, et bientôt aperçoit
Venir à lui jeune et tendre pucelle,
Et chevalier propre à galant exploit.
Hymen tira, mais si juste et si droit,
Que Cupidon même n'eût su mieux faire.
Oh! oh! dit-il, le compère est adroit :

C'est bien visé; je quitte ma colère :
Amour, Hymen, vous voilà bien remis;
Mais, s'il se peut, soyez long-temps amis.

Or, voilà donc par les mains d'Hyménée
D'un trait d'Amour deux jeunes cœurs blessés.
J'ai vu ce Dieu de fleurs la tête ornée,
Les brodequins de perles rehaussés,
Le front modeste, et les regards baissés,
En robe blanche il marchait à la fête,
Et, conduisant ces amans empressés,
Il étendait son voile sur leur tête.
Amour, Hymen, vous voilà bien remis;
Mais, s'il se peut, soyez long-temps amis.

Que faisaient lors les enfans de Cythère ?
Ils soulageaient Hymen dans ses emplois;
L'un de flambeaux éclairait le mystère;
L'autre du Dieu dictait les chastes lois;
Ceux-ci faisaient résonner les hautbois;
Ceux-là dansaient pavane * façonnée;
Et tous en cœur chantaient à haute voix :
« Hymen, Amour, ô charmant hyménée!
Amour, Hymen, vous voilà bien remis;
Mais, s'il se peut, soyez long-temps amis ».

* Ancienne danse grave.

En fin finale, après maintes orgies,
Au benoit lit le couple fut conduit.
Le bon Hymen éteignant les bougies,
Leur dit : « Enfans, bonsoir et bonne nuit ».
Lors Cupidon s'empara du réduit,
Et les Amours de rire et de s'ébattre,
Se rigolant, menant joyeux déduit,
Et jusqu'au jour faisant le Diable à quatre.
Amour, Hymen, vous voilà bien remis;
Mais, s'il se peut, soyez long-temps amis.

Par tel moyen, entre ces Dieux illustres
L'accord fut fait et le traité conclu.
Jeunes époux, faites que de vingt lustres
Traité si doux ne soit point résolu :
Tant opérez, que d'une aimable mère
Naisse un beau jour quelque petit joufflu,
Digne des vœux de l'aïeul et du père !
Amour, Hymen, vous voilà bien remis;
Mais, s'il se peut, soyez long-temps amis.

J. B. ROUSSEAU.

ÉPITHALAME

Pour le Mariage de LOUIS, Dauphin de France, fils de Louis XV, avec MARIE-THÉRÈSE, Infante d'Espagne.

1745.

Descends, Hymen, descends des cieux,
Viens remplir les vœux des deux mondes.
Les Bourbons, ces enfans des Dieux,
Unissent leurs tiges fécondes :
Descends, Hymen, descends des cieux,
Viens remplir les vœux des deux mondes.

Tandis qu'au sein de ses roseaux,
La Nymphe du Tage éplorée
Répand sur son urne azurée
Des pleurs qui grossissent ses eaux ;
Les Dieux, enfans de Cythérée,
A la lueur de leurs flambeaux,
Conduisent l'Infante adorée.
Descends, Hymen, descends des cieux, etc.

Pour célébrer un si beau jour,
Dioné, dans les airs portée,
Répand, par les mains de l'Amour,

Les riches trésors d'Amalthée.
Ses cygnes volent alentour,
Et couvrent d'une aile argentée
Les plaisirs qui forment sa cour.
Cypris du ciel est descendue :
La terre est son heureux séjour;
Les oiseaux chantent son retour;
Toute la Nature est émue.
Il semble qu'au gré de nos vœux
Le feu des plaisirs se rallume :
A l'ombre d'un myrte amoureux
Hébé couronne ses cheveux,
La jeune Flore les parfume.
Il semble, enfin, que l'Univers
Sorte du chaos et renaisse :
Vertumne étend ses tapis verds;
Et les couleurs de la jeunesse
Brillent sur le front des Hivers.
O toi, qui choisis la décence
Pour servir de guide aux plaisirs,
Toi, qui couronnes les désirs
Sans faire rougir l'Innocence,
Descends, Hymen, descends des cieux, etc.

Junon dans les airs embellis,
De Borée enchaîne la rage :

L'Hymen, porté sur un nuage,
Descend dans l'empire des lys.
Bientôt nos vœux seront remplis :
L'Hymen approche de son temple ;
L'Hymen, au bruit de mille voix,
Perce la foule qui contemple
Le fils du meilleur de nos Rois.
Conduite par la main des Grâces,
L'Infante est au pied des autels :
L'époux, semblable aux immortels,
S'empresse et vole sur ses traces.
Des Dieux, par l'Amour avertis,
La troupe auguste est assemblée :
Ce sont les noces de Thétis,
Tous les yeux y cherchent Pélée,
Tous les yeux y trouvent son fils.
Les plaisirs en foule descendent....
Que tous les Français vous entendent,
Jeunes époux, tendres amans !
Prononcez vos derniers sermens ;
L'Hymen et l'Amour les attendent.
Le nœud que vous allez former,
Ne saurait être trop durable :
L'Hymen fait un devoir d'aimer ;
L'Amour rend ce devoir aimable.
Tous deux épuisent leurs bienfaits,

Tendres amans, ils vous unissent ;
Ils vous enivrent à longs traits
Du plaisir pur dont ils jouissent.
Que tous les peuples applaudissent
Au présage heureux de la paix !
Que la Discorde, désarmée,
Se taise au bruit de nos concerts !
Que l'Europe moins alarmée
Répète nos chants et nos vers !
Les cent voix de la Renommée
Les apprendront à l'univers.
C'en est fait, l'Amour et la Gloire
Couronnent nos tendres amans :
Les Dieux ont gravé leurs sermens
Au temple immortel de mémoire.

Remonte, Hymen, remonte aux Cieux ;
Tu remplis les vœux des deux mondes.
Les Bourbons, ces enfans des Dieux,
Ont uni leurs tiges fécondes.
Remonte, Hymen, remonte aux cieux ;
Tu remplis les vœux des deux mondes.

Le Cardinal de BERNIS.

Nota. Cette pièce est inédite. Elle ne se trouve dans aucune des éditions des œuvres de l'auteur.

ÉPITHALAME

POUR LE MARIAGE DE M.lle D. L. S.

Dieux des hameaux, venez, rassemblez-vous !
L'Hymen, l'Amour, l'Amitié vous convie.

Enfin l'Amour, abjurant sa folie,
A de l'Hymen apaisé le courroux ;
C'est l'Amitié qui les réconcilie,
Et c'est ici le lieu du rendez-vous.

Plus de dépit, plus de coquetterie ;
Plus de caprice et plus d'étourderie ;
Foi mutuelle, et jamais de ces coups
Que le beau monde appelle espièglerie :
Douceur d'agneau, et dans la bergerie,
Au grand jamais, nul accès pour les loups.
Dieux des hameaux, etc.

De l'âge d'or, cette belle féerie,
L'accord parfait des penchants et des goûts ;
Se reproduit : Suzanne se marie ;
Son cœur lui-même a choisi son époux.
Mortel heureux ! s'il en fut dans la vie !
Une âme tendre, un esprit sage et doux
Où l'enjoûment à la bonté s'allie ;

Et mille attraits, et mille encore, et tous,
Sont les trésors que l'Hymen lui confie.
Dieux des hameaux, etc.

A tes côtés, fille aimable et chérie,
Vois ce bon père, honoré parmi nous;
Lui qui des arts éclairant l'industrie,
Fut quarante ans utile à sa patrie,
Et dont la gloire a fait tant de jaloux!
Vois cette mère agitée, attendrie,
Verser des pleurs si touchans et si doux;
Vois ton amant embrasser leurs genoux.
Que de tourmens pour les yeux de l'Envie!
Dieux des hameaux, etc.

Amours, posez la couronne fleurie
Sur ce front calme où siége la pudeur.
Ah! si les lys expriment la candeur,
Jamais couleur ne fut mieux assortie;
Mais épargnez la tendre modestie
De la victime : elle est chère à son cœur :
Cette vertu qui protégea ses charmes,
Cette vertu qui n'est pas sans alarmes,
Court aujourd'hui les dangers les plus grands :
Ne hâtez pas ses soupirs et ses larmes....
Il faut toujours respecter les mourans.

MARMONTEL.

ÉPITHALAME.

Sur les bords de la Seine, où ce fleuve surpris
Entre avec majesté dans les murs de Paris,
L'Amour avec l'Hymen un jour se rencontrèrent,
Et tous deux à l'envi se disputant le pas,
Au logis de Rosette ensemble ils pénétrèrent :
 « Voici l'Amour et l'Hymen dans tes bras,
  Lui dirent-ils ; choisis, Rosette.
— Eh! pourquoi donc choisir? demeurez tous les deux.
— Non, non, nous n'habitons jamais les mêmes lieux.
— Eh bien! mes beaux enfans, battez tous deux retraite,
Je ne suivrai jamais la méthode du jour :
Point d'Amour sans Hymen, point d'Hymen sans Amour;
C'est là mon dernier mot ; concluez, téméraires ;
  Fuyez, ou réunissez-vous ».
Un peu d'émotion succède à ce courroux;
Elle pousse un soupir qu'entendent les deux frères;
Elle jette un coup-d'œil qui passe dans leurs cœurs;
Leur présente avec grâce une main séduisante,
Leur demande le titre et d'épouse et d'amante :
La crainte de la perdre étouffe leurs fureurs;
Ils tombent à ses pieds ; Rosette les enchaîne,
Et vers son digne époux les mène en souveraine.

M. ROCHON DE CHABANNES.

A MONSIEUR ***,

LE JOUR DE SON MARIAGE.

Par cet hymen quels jours pour toi vont naître ?
Tu peux compter sur le sort le plus doux ;
Les yeux de ta moitié te feront cent jaloux,
Et ses rares vertus t'empêcheront de l'être.

COUPLET

Chanté par un jeune Écolier à la noce de M.lle **, sa cousine.

(4) Air : *Au sein d'une fleur, tour-à-tour.*

Dans les pages d'un rudiment
Qui n'offrent pas toujours des roses,
On s'instruit beaucoup, et pourtant
On ignore encor bien des choses ;
Par exemple j'apprends ici
Ce qu'on n'apprend point dans mes classes,
Qu'on peut donner à son mari,
En une seule les trois Grâces.

L'HYMÉNÉE ET L'AMOUR.

A LL. AA. SS. Mlle DE BOURBON ET Mgr LE PRINCE DE CONTI.

Hyménée et l'Amour vont conclure un traité
Qui les doit rendre amis pendant longues années :
  Bourbon, jeune divinité,
Conti, jeune héros, joignent leurs destinées ;
Condé l'avait, dit-on, en mourant souhaité :
Ce guerrier qui transmet à son fils en partage,
Son esprit, son grand cœur, avec un héritage
Dont la grandeur non plus n'est pas à mépriser,
Contemple avec plaisir, de la voûte éthérée,
Que ce nœud s'accomplit, que le prince l'agrée,
Que Louis aux Condés ne peut rien refuser.
Hyménée est vêtu de ses plus beaux atours :
Tout rit autour de lui, tout éclate de joie.
Il descend de l'Olympe, environné d'Amours
  Dont Conti doit être la proie ;
  Vénus à Bourbon les envoie.
  Ils avaient l'air moins attrayant
  Le jour qu'elle sortit de l'onde,

Et rendit surpris notre monde
De voir un peuple si brillant.
Le chœur des Muses se prépare :
On attend de leurs nourrissons
Ce qu'un talent exquis et rare
Fait estimer dans nos chansons.
Apollon y joindra ses sons,
Lui-même il apporte sa lyre.
Déjà l'amante de Zéphyre
Et la Déesse du matin
Des dons que le printemps étale
Commencent à parer la salle
Où se doit faire le festin.

O vous pour qui les Dieux ont des soins si pressans,
 Bourbon, aux charmes tout puissans,
 Ainsi qu'à l'âme toute belle ;
 Conti, par qui sont effacés
 Les héros des siècles passés ;
Conservez l'un pour l'autre une ardeur mutuelle.
Vous possédez tous deux ce qui plaît plus d'un jour,
Les grâces et l'esprit, seuls soutiens de l'amour.
 Dans la carrière aux époux assignée,
 Prince, et Princesse, on trouve deux chemins ;
 L'un de tiédeur, commun chez les humains ;
 La passion à l'autre fut donnée.

N'en sortez point, c'est un état bien doux,
Mais peu durable en notre âme inquiète :
L'amour s'éteint par le bien qu'il souhaite ;
L'amant alors se comporte en époux.
Ne saurait-on établir le contraire,
Et renverser cette maudite loi ?
Prince, et Princesse, entreprenez l'affaire :
Nul n'osera prendre exemple sur moi.
De ce conseil faites expérience,
Soyez amans fidèles et constans :
S'il faut changer, donnez-vous patience,
Et ne soyez époux qu'à soixante ans.
Vous ne changerez point. Ecoutez Calliope ;
Elle a pour votre hymen dressé cet horoscope.

  Pratiquer tous les agrémens
  Qui des époux font des amans,
  Employer sa grâce ordinaire,
  C'est ce que Conti saura faire.
  Rendre Conti le plus heureux
  Qui soit dans l'empire amoureux,
  Trouver cent moyens de lui plaire,
  C'est ce que Bourbon saura faire.

  Apollon m'apprit l'autre jour
  Qu'il naîtrait d'eux un jeune Amour

Plus beau que l'enfant de Cythère,
En un mot semblable à son père.
Former cet enfant sur les traits
Des modèles les plus parfaits,
C'est ce que Bourbon saura faire;
Mais de nous priver d'un tel bien,
C'est à quoi Bourbon n'entend rien.

La Fontaine.

ÉPITHALAME

POUR LE MARIAGE D'UN GUERRIER.

(12) Air : *Flora n'a pas besoin d'aïeux*.

Présens du Ciel, bienfaits charmans,
Tendre Amour, aimable Hyménée,
Vous seuls de nos plus beaux momens
Serrez la chaîne fortunée.

Qu'il est doux pour un jeune cœur
De vivre sous votre puissance !
L'Amour lui donne le bonheur,
L'Hymen lui donne l'innocence.

Des biens, jusqu'alors inconnus,
Viennent doubler sa jouissance ;
Tous ses plaisirs sont des vertus,
Tous ses devoirs des récompenses.

Puissent les sermens de ce jour
Gardés, chéris toute la vie,
Donner des belles à l'Amour,
Et des héros à la Patrie.

Heureux époux, vos descendans
Seront dignes de leurs modèles ;
Les fils du Lion sont vaillans,
Ceux de la Colombe, fidèles,

FLORIAN.

SUR UN MARIAGE.

(8) Air : *Comment goûter quelque repos ?*

L'Amour de l'Hymen est jaloux
Et de la pompe qu'il apprête ;
Il veut disposer de la fête
Et du plaisir de nos époux ;
A tant d'ardeur, à cet air tendre,
Ces transports, ces empressemens,
Il les a pris pour des amans :
Puisse-t-il toujours s'y méprendre !

ÉPITRE

A M. LE COMTE DE MONTAUSIER,

LE JOUR DE SON MARIAGE.

C'est donc ce soir qu'entre vos bras
L'Hymen remet une mortelle
Que le ciel fit doublement belle
Par ses vertus et ses appas.
Fier de soumettre tant de charmes,
Déjà, dans le même écusson,
L'Amour entrelace les armes
De Montausier et d'Ormesson.
Ce Dieu qui sait qu'en tête-à-tête
Vous triomphez comme aux combats,
En regardant votre conquête,
Malignement sourit tout bas
Des doux plaisirs qu'il vous apprête.
  Si, pour célébrer votre hymen,
Je voulais suivre le chemin
De ces faiseurs d'épithalames,
De madrigaux et d'anagrammes,
Qui, poussés d'un zèle inhumain,

Savent si bien en prose usée,
Aux beaux atours d'une épousée
Mêler la rose et le jasmin,
Vous verriez ma muse étourdie,
Sans effort, pour vous en ce jour
Dans quelque plate rapsodie,
Enchaîner l'Hymen et l'Amour;
Vous me verriez en vers maussades
Vous déployer avec langueur
L'ennui charmant, les propos fades
Dont on assomme un épouseur;
Vous me verriez de cette fête
Publier les plaisirs secrets,
Et fatiguer votre conquête
Du long détail de ses attraits.

Mais ce n'est pas d'un ton vulgaire
Qu'il faut qu'on chante l'héritier
De ce Duc intègre et sincère
Qui dans vous revit tout entier.
Du Télémaque de la France
Ce grand homme fut le Mentor;
Sa fortune fut le trésor
Du mérite et de l'indigence;
Malgré la fourbe et l'ignorance,
Ami des arts, il sut encor
Encourager notre Térence:

Il fut digne du siècle d'or.
Aux éloges il put prétendre;
Mais sa grandeur fit consister
Moins de plaisir à les entendre
Que de gloire à les mériter.
Oui, votre aïeul eut en partage
La plus austère probité;
Mais, avec plus d'aménité,
Ses vertus sont votre héritage.
Ainsi que vous dans les combats
Il a commencé sa carrière,
Il montra cette ardeur guerrière
Qui vous fait braver le trépas;
Dans ce pénible apprentissage,
Son bras long-temps fut votre appui:
A la cour il vécut en sage,
Et vous finirez comme lui.

    Enfin la main de l'Hyménée
Va couronner votre valeur;
Par cette chaîne fortunée
La vertu s'unit à l'honneur;
Remplissez votre destinée,
Et ressentez votre bonheur.
Je sais que, grâce au persiflage,
On ne tient plus à ses sermens;
Que, si ce n'est dans nos romans,

Le tendre amour n'est plus d'usage;
Et qu'à la cour, présentement,
De jeunes fous sans consistance,
Vont partout prêchant l'inconstance,
Et persiflant le sentiment,
Que leur frivole inconséquence
N'inspire pas assurément;
Mais votre cœur tendre et fidèle,
Dans ce siècle d'égaremens,
Est fait pour être le modèle
Et des époux et des amans.

Blin de Sainmoré.

COUPLETS

CHANTÉS AU MARIAGE DE Mme LA BARONNE DE C**,

Par madame la Baronne T**, sa mère.

A SON GENDRE.

Air à faire.

Vous qui, par un hymen prospère,
Aujourd'hui devenez mon fils,
Vous serez bon époux, bon père ;
Tous mes vœux seront accomplis.
Nouvel enfant de ma famille,
Aimez ma Lise, aimez-la bien :
Vous confier le bonheur de ma fille,
Ah ! n'est-ce pas vous confier le mien ?

A SA FILLE.

(5) Air : *C'est à mon maître en l'art de plaire.*

Et toi ma fille, mon amie,
De l'Hymen quand tu suis la loi,
Ce Dieu, qui désormais te lie,
Va bientôt t'éloigner de moi ;
Mais ne crains pas que la distance,
Puisse altérer notre bonheur ;
Souviens-toi que malgré l'absence,
Ta place est toujours dans mon cœur.

M. JOSEPH.

A DEUX ÉPOUX,

LE JOUR DE LEUR MARIAGE.

(4) Air : *Au sein d'une fleur tour-à-tour.*

Tous vos parens, tous vos amis,
Enchantés de votre hyménée,
Par l'Amitié sont réunis
Pour célébrer cette journée.
C'est un bonheur d'être lié
Au tendre objet que l'on adore;
Mais sous les yeux de l'Amitié
Ce bonheur est plus vif encore.

M. P. C. J. G.

A MADAME DE ***,

SUR SON MARIAGE.

Ce jour, de tes jours le plus beau,
De myrte t'a donc couronnée,
Chère Justine, et l'Hyménée
Empruntant de l'Amour les traits et le flambeau,
Vient de fixer ta destinée !
Sans contrainte aujourd'hui tu peux suivre la loi
Du tendre penchant qui t'inspire;
Tu peux aimer, tu peux le dire;
L'amour même devient une vertu pour toi.
Laisse, laisse gronder ces censeurs intraitables
De l'Hymen et de ses douceurs;
Ils ont beau répéter que des liens durables
Ont plus d'épines que de fleurs;
Si l'Hymen est gênant, si ses lois sont cruelles,
C'est aux âmes qu'Amour refusa d'assortir,
Et qui ne savent auprès d'elles
L'appeler, ni le retenir.
Jeune épouse, veux-tu dans le nœud qui t'engage
Arrêter cet enfant volage ?
Compte peu sur ces traits charmans,

Cette fraîcheur, ces agrémens
Qu'on admire sur ton visage.
Pour inspirer un feu constant,
Il ne suffit pas d'être belle;
C'est à la beauté qu'on se rend;
Mais c'est au cœur qu'on est fidèle.
C'est à l'accord intéressant
D'un esprit doux et sage, et d'une âme sensible,
Qu'est attaché le secret infaillible
De fixer un époux, et d'en faire un amant.
Du Ciel, qui te chérit, tu reçus en partage,
Justine, ces aimables dons;
Ah! mieux que moi l'Amour t'en apprendra l'usage,
Et je te livre à ses leçons.

Madame VERDIER.

A M. BERNARDIN DE SAINT-PIERRE,

POUR SON MARIAGE.

(13) Air : *Je l'ai planté, je l'ai vu naître.*

Mon petit Paul, ma Virginie,
Parez-vous d'un souris nouveau :
Une mère, une tendre amie
Veille encor sur votre berceau.

Embrassez cette aimable mère
Qui déjà se mêle à vos jeux.
Vous la devez à votre père ;
Son bonheur va vous rendre heureux.

Pour prendre soin de votre enfance,
(Moi seul, hélas! qu'aurais-je pu ?)
Pour protéger votre innocence,
Près de vous j'ai mis la Vertu.

La vigne à l'orme, qui l'implore,
S'unit par les nœuds les plus doux :
Tendres fleurs, qui voulez éclore,
Leur abri s'est doublé pour vous.

Oui, c'est le Ciel qui nous rassemble ;
Ses chastes mains vont vous former :
Vous croîtrez, nous vivrons ensemble.
Nous n'aurons qu'un cœur pour l'aimer.

Hélas ! les chagrins et les peines
Auraient usé mes tristes jours.
Hymen ! ce sont tes douces chaînes
Qui m'en feront bénir le cours.

Oui, ce trésor que tu me donnes
Est le plus cher présent des Cieux.
Que sont les sceptres, les couronnes,
Auprès d'un bien si précieux ?

O journée en bonheur féconde !
Restez, amis ; fuyez, méchans.
Qu'aurais-je à désirer au monde ?
Voilà ma femme et nos enfans !

M. Ducis.

LES NOCES DE THÉTIS,

ALLÉGORIE A M. LE DUC DE CHARTRES,

A L'OCCASION DE SON MARIAGE.

Lorsque jadis, aux champs Thessaliens,
    Thétis s'unit avec Pelée,
De tous les Dieux la brillante assemblée
    Avec pompe, dit-on, célébra ces liens.
Tous deux étaient parés de la fleur du bel âge;
Du sang de Jupiter tous deux étaient sortis;
    Tous deux avaient cent vertus en partage :
On n'avait jamais vu des cœurs mieux assortis.
Dans les traits de l'époux, la douce bienfaisance
Tempérait de son front l'auguste majesté;
    De son maintien la noblesse et l'aisance
    A tous les yeux peignaient la volupté;
    Son regard fier annonçait sa naissance,
Et le son de sa voix exprimait la bonté.
    Dans l'épouse, c'était la grâce, la décence,
Un air si doux, si tendre et si plein de candeur;
C'était ce coloris, cette aimable pudeur
      Qui sert de fard à l'innocence
      Et d'ornement à la grandeur.
Tant d'attraits réunis brillaient sur leur visage,

Que tous les Dieux partagés tour-à-tour,
Ne savaient qui des deux admirer davantage:
C'était Psyché dans les bras de l'Amour.
Chacun de ses amans, flatté de sa conquête,
Du plaisir de se voir ne pouvait se lasser ;
Les Grâces et les Ris, de fleurs parant leur tête,
Avec eux en dansant semblaient s'entrelacer;
Le Dieu jouflu qui préside aux orgies,
Par le nectar des Dieux sut les animer tous;
Apollon sur son luth chanta les deux époux,
Et l'Hymen, vers le soir, éteignant les bougies,
Les unit à jamais par les nœuds les plus doux.
Achille, dont le bras vengea si bien la Grèce,
  Fut l'heureux fruit de leurs amours ;
Et ce couple charmant, plein d'une aimable ivresse,
  Par les plaisirs d'une égale tendresse
Sut encor embellir jusqu'à ses derniers jours.

  Prince auguste, couple adorable,
De grâces, de vertus assemblage parfait,
  Dans le miroir de cette fable,
  Reconnaissez votre portrait;
Il n'est pas achevé; mais l'Amour plus habile
 A ce tableau mettra le dernier trait
  En vous donnant un autre Achille.

M. BLIN DE SAINMORE.

A M. LE COMTE DE TR***,

Capitaine de vaisseau,

LE JOUR DE SON MARIAGE.

(2) Air : *Charmant désert, tranquille solitude.*

Vous voilà donc, aimable capitaine,
Sur d'autres flots embarqué pour toujours !
Courez, volez où l'Hymen vous entraîne ;
Pour matelots vous aurez les Amours.

Un bon vaisseau, sous une bonne étoile,
Doit fendre l'onde avec agilité.
Il faut d'abord qu'Hymen enfle la voile,
Et donne au mât plus de solidité.

Dirigez-le vers l'île de Cythère,
La Volupté vous prépare un séjour ;
Et sur ces eaux, par un vent salutaire,
Souvent on mouille à la rade d'Amour.

Plus d'un corsaire, armé dans ces parages,
Pour vous tromper change de pavillons ;
Mais le moyen d'empêcher leurs ravages,
Est de doubler le feu de vos canons.

Si quelquefois l'aquilon vous balotte,
Intéressez Vénus à votre sort;
Que le Plaisir vous serve de pilote,
Et que l'Amour vous mène dans le port.

Débarquez vite. En voyageur habile,
Vous trouverez quelques lieux inconnus.
En visitant les beautés de cette île,
N'oubliez pas la conque de Vénus.

M. Le Mercier.

A UNE AMIE,

LE JOUR DE SES NOCES.

Air : *Avec Iseult et les Amours.*

Du Dieu qui t'enchaîne à jamais,
J'éprouvai la douce puissance;
Mes jours, dans ses nœuds pleins d'attraits,
S'écoulaient exempts de regrets;
Je lui consacre ces couplets,
Tribut de ma reconnaissance.

Que je plains l'insensible cœur
Qui dans l'hymen voit l'esclavage!
Ah! n'adopte point cette erreur!
L'Hymen doit faire ton bonheur :
J'en ai pour garant ta candeur,
Et la fraîcheur de ton visage.

Hommes légers, sexe inconstant,
Que l'attrait du plaisir entraîne,
Malgré l'amour du changement,
Avouez qu'il vient un moment
Où, pas à pas, le sentiment
Aux pieds de l'Hymen vous amène.

La liberté peut quelque temps
Séduire votre ame infidelle;
Elle permet tout à vos sens :
Eh! quel est l'homme de vingt ans
Qui ne promène son encens
De la plus laide à la plus belle?

A son tour l'Hymen indulgent
Vous offre un bonheur légitime;
Une compagne, au front décent,
Au regard tendre, intéressant;
Un sentiment attendrissant,
Et la paix qui nait de l'estime.

A ces plaisirs délicieux
Immoler les plaisirs frivoles,
C'est, n'en déplaise aux envieux,
S'assurer des biens précieux,
Et pour le culte des vrais Dieux
Abjurer celui des idoles.

Madame Laugier de Grand-Champ.

A MADEMOISELLE VIRGINIE,

LE JOUR DE SON MARIAGE.

Air : *De l'humble maison de village.*

On voit un époux quelquefois
Redouter un nœud qui le lie;
Il songe, hélas! que pour la vie
L'Hymen va décider son choix.
L'avenir, pour toi sans nuage,
Transporte ton cœur enchanté.
Graces, vertus, talens, bonté,
T'assurent la félicité
Que l'on voit régner au village.

J'entends répéter chaque jour :
A Paris tout est politesse,
On vous accueille, on vous caresse,
Mais on se trompe tour-à-tour.
Ici, précieux avantage,
Nous apercevons réunis
Parens, époux, enfans, amis,
Polis comme on l'est à Paris
Et francs comme on l'est au village.

M. Brucy.

A ADÉLAÏDE D***,

SUR SON MARIAGE.

Air : *L'Hymen est un lien charmant.*

L'HYMEN, de ses nœuds les plus doux,
Unit deux cœurs pleins de tendresse;
Mêmes sentimens, même ivresse,
Enflamment ces jeunes époux.
Qu'il est beau ce pélerinage
Qu'ils entreprennent de moitié !
Le bonheur sera leur partage,
Puisque l'Amour et l'Amitié
Sont leurs compagnons de voyage.

Toi qui possèdes à-la-fois
Tous les talens et l'art de plaire,
Sois sensible et jamais légère;
Ton époux chérira tes lois.
Fatigué du pélerinage,
Si l'Amour chancèle en chemin,
S'il est tenté d'être volage,
Que sa sœur, lui prêtant la main,
Lui fasse achever le voyage.

M. J. G. Monive.

A EULALIE,

LE JOUR DE SON MARIAGE.

(13) Air : *Je l'ai planté, je l'ai vu naître.*

L'AVEUGLE Amour, mon Eulalie,
Revoit enfin l'astre des Cieux ;
Avec la Sagesse il s'allie,
Son bandeau tombe de ses yeux.

Tu quittes ta douce Patrie,
Mais c'est pour suivre un tendre époux ;
Qu'importe où s'écoule la vie,
Lorsque l'Amour est avec nous.

Tu songeras à ta famille,
Pour mieux élever tes enfans ;
Et puisse le cœur de ta fille
Te rendre un jour tous tes parens.

Des jeux de ta paisible enfance
Rappelle souvent les plaisirs ;
Le souvenir de l'innocence
Est le plus doux des souvenirs.

D'Amitié l'aimable constance
Nous promet de garder ton cœur;
Et, pour supporter ton absence,
Nous parlerons de ton bonheur.

Donne à l'Amour sa récompense,
Donne à l'Hymen tes plus beaux jours.
L'Amitié perdra ta présence,
Mais ses vœux te suivront toujours.

Ah! crois en son pouvoir suprême;
Non, l'absence n'est qu'une erreur.
On ne quitte pas ceux qu'on aime,
On les emporte dans son cœur.

Madame Victoire Babois.

A UNE NOUVELLE MARIÉE.

Par son martyre et sa virginité
Catherine parvint à la céleste voûte :
Je doute fort, en vérité,
Que ce soit là jamais ta route.
Ce n'est point ainsi que des cieux
Tu fléchiras le saint concierge :
Il n'est plus de martyre, avec de si beaux yeux;
Et ton époux, dans l'ardeur de ses feux,
Ne voudra pas, je crois, te laisser mourir vierge.

M. S. D. M.

EXTRAIT D'UNE LETTRE

A MONSIEUR H***,

SUR SON MARIAGE.

Ainsi donc désormais vous suivrez les drapeaux
    D'un Dieu terrible, et d'un Dieu débonnaire :
L'un vous montre du doigt les lauriers de la guerre,
    L'autre, les myrtes de Paphos.
Mars vous dit : Couvrez-vous d'une noble poussière;
Mais l'Hymen vous appelle à de plus doux travaux :
L'un vous promet l'honneur d'être au rang des héros,
    Et l'autre, le plaisir d'en faire.

A MADAME ***,

LE LENDEMAIN DE SON MARIAGE.

Avouez que le mariage
Est plaisamment imaginé.
Auriez-vous jamais deviné
Tous les mystères du ménage ?
La veille tout est défendu.
On est avec son prétendu
D'un maintien plus froid qu'une image.
Le jour arrive, on vous bénit;
L'Amour s'en mêle, et vous unit :
Autre maintien, nouveau langage.
Sans rougir on entend les vœux
De l'amant dont on est charmée;
La pudeur, loin d'être alarmée,
Sourit aux plaisirs amoureux.
La nouvelle Eve est animée,
Le nouvel Adam est heureux.
Tout change; et, sous de doux auspices,
Du fameux jardin des délices
La porte s'ouvre encor pour eux.

Là, cette aimable sympathie
De goûts, d'humeurs et de désirs;
Là, cette tendre modestie,
Voile et parure des plaisirs;
Là, cette confiance intime,
Fille et compagne de l'estime,
Viennent charmer d'heureux loisirs.
Deux cœurs, d'une paix fortunée
Resserrent les nœuds tour-à-tour;
Et la Volupté dans sa cour
Reçoit la Vertu couronnée
De fleurs que fait naître l'Amour,
Et que moissonne l'Hyménée.

M. B***.

A M. DE *** ET Mlle DE ***,

LA VEILLE DE LEUR MARIAGE.

Jeunes amans, heureux époux,
Qui touchez au moment le plus beau de la vie,
L'un de vous dans mon cœur a fait naître l'envie,
Et l'autre, un sentiment plus doux.

CONSEILS
A UNE NOUVELLE MARIÉE.

(18) Air : *Gentille Boulangère.*

Jeune et belle épousée,
Écoutez un moment
Une morale aisée
Et toute en sentiment :
Qu'Amour soit votre apôtre,
Votre seul directeur :
Il en vaut bien un autre,
C'est l'apôtre du cœur.

Femme, soyez soumise,
Un grand Saint vous l'a dit :
Mais ce Saint, quoi qu'il dise,
Contre l'Amour fléchit.
A son arrêt funeste
Opposez la douceur :
On règne sur le reste,
Quand on commande au cœur.

En amour comme en guerre,
Ceci soit dit tout bas,
Sans art et sans mystère
On ne réussit pas.

Qu'une simple parure
Relève vos appas :
Vénus sans sa ceinture
N'a jamais fait un pas.

Voulez-vous sur vos traces
Fixer le tendre Amour ?
Sacrifiez aux Grâces
Et la nuit et le jour :
Sur-tout que la décence
Voile en vous le désir :
Gardez votre innocence,
Même au sein du plaisir.

Accordez avec peine,
Refusez sans aigreur ;
Avant qu'on vous obtienne,
Qu'il en coûte au vainqueur.
Pour faire un bon ménage,
Que, toujours amoureux,
Autant qu'il sera sage,
Votre époux soit heureux.

MARÉCHAL.

EPITHALAME

POUR LE MARIAGE DE Mlle ADÈLE DE P...

(18) Air : *Partant pour la Syrie.*

Vous voyez l'allégresse
Qui se peint dans nos yeux ;
Chacun avec ivresse
Voit couronner vos vœux.
Le bonheur vous appelle,
L'Hymen en est garant.
Amour à la plus belle,
Hommage au plus constant.

Les Dieux ont sur Adèle
Versé mainte faveur ;
C'est la rose nouvelle ;
Elle a grâces, candeur ;
Amitié mutuelle
Rendra son sort charmant.
Amour à la plus belle,
Hommage au plus constant.

Au temple de Cythère
Vos vœux seront inscrits ;
L'Amour dicte à sa mère
Les noms les plus chéris :

D'une flamme éternelle
Brulez, couple charmant.
Amour à la plus belle,
Hommage au plus constant.

M. Broisse.

POUR UN MARIAGE.

Air : *Vive le vin! vive l'Amour!*

Vive l'Hymen! vive l'Amour!
Le nœud formé dans ce beau jour,
A jamais les réconcilie;
Amans, Epoux, dignes d'envie,
Comblez vos plus tendres désirs.
Avec l'Hymen changez-les en plaisirs,
Et que l'Amour les multiplie.

POUR UN REPAS
DE NOCE OU DE FAMILLE.

(4) Air : *J'étais bon chasseur autrefois.*

O vous, qui laissez le bonheur
Pour courir après son image,
Qui comptez pour rien la douceur
De vivre au sein d'un bon ménage ;
En vain vous paraissez jouir,
Et sur vos fronts la gaîté brille ;
Le cœur, qui ne peut s'éblouir,
Le cœur ne jouit qu'en famille.

Où va tout ce monde étourdi,
Et paré comme un jour de fête ?
Il court sans doute à Tivoli,
Se divertir à tant par tête ;
Que trouve-t-il là d'enchanteur ?
Du feu qui dans l'air s'éparpille.
Moins d'éclat, mais plus de bonheur
Se trouve aux fêtes de famille.

Voyez dans ce brillant repas
Où de tous côtés on arrive,
Chacun regarde et dit tout bas :
« Je ne connais pas un convive ».
L'ennui se peint dans tous les yeux,
Malgré le bon vin qui pétille.
Sans boire on a le cœur joyeux
Au simple banquet de famille.

Si le sort prive un bon parent
De l'avantage d'être père,
Il va se choisir un enfant
Parmi les enfans de son frère ;
On adopte un petit cousin,
Ou de sa nièce on fait sa fille ;
On ne voit pas un orphelin
Au sein d'une honnête famille.

Eprouve-t-on quelque malheur ?
On craint d'affliger son ménage ;
Mais comment cacher sa douleur ?
On parle, et le cœur se soulage.
On voit gémir sur ses revers
Sa femme, et son fils, et sa fille ;
On trouve beaucoup moins amers
Les pleurs que l'on verse en famille.

Quel doux transport saisit mon cœur !
Quelle assemblée intéressante !
Ici chacun est frère ou sœur,
Cousin, cousine, ou mère ou tante.
On oublie et l'âge et le rang ;
On saute, on s'embrasse, on babille ;
Le petit joue avec le grand ;
Tout est pêle-mêle en famille.

Vivons toujours sans différends,
Faisons notre bonheur nous-même ;
On est heureux d'être parens,
On l'est doublement quand on s'aime.
Que chacun goûtant ma chanson,
L'apprenne à son fils, à sa fille,
Et leur donne, après la leçon,
Un tendre baiser de famille.

M. NOEL.

FIN.

TABLE.

PREMIÈRE PARTIE.

Jour de l'an, Anniversaires,
    page 1 à 24.

Pères, Mères, Parens,
    page 25 à 98.

Bienfaiteurs, Instituteurs,
    page 99 à 114.

Amis, Amies, etc.
    page 111 à 128.

SECONDE PARTIE.

Fêtes d'Hommes,
    page 1 à 56.

Fêtes de Femmes,
    page 57 à 206.

Mariages,
    page 207 à 255.

CHOIX
D'AIRS OU TIMBRES.

On entend par le mot *timbre*, la désignation d'un *air* quelconque, ou le premier vers, quelquefois le dernier, de la chanson pour laquelle l'*air* a été composé.

On entend aussi par ce mot, un vers quelconque d'une chanson, ou son refrain; ainsi,

 (9) Chantez, dansez, amusez-vous,
   Mon père était pot (*air de facture*),
 (14) Sautez par la croisée,
 (18) Ça fait toujours plaisir,

sont des timbres; ils peuvent s'adapter aux chansons qui, dans ce Recueil, sont précédées de ces mêmes numéros. Il en est de même de tous les autres numéros de ce *Choix de Timbres*.

Les airs, dits de *facture*, étant faits spécialement pour telle chanson dont le rythme est particulier, on n'en donne point ici de choix, parce qu'ils ne peuvent s'adapter à aucune autre chanson, à moins qu'on ne parodie exactement le rythme des paroles, pour qu'elles puissent s'adapter parfaitement à l'air.

(1) Couplets de 8 vers de 10 syllabes.
Féminin, *masculin*, alternatifs.

Ce fut toujours de la simple nature.
Contentons-nous d'une simple bouteille.
Pourquoi faut-il ici-bas que la peine?
J'aime les prés, les champs et les bois sombres.
Mon petit cœur à chaque instant soupire.
Muse des jeux et des accords champêtres (de Doche).
Vaudeville des Chevilles de maître Adam.

(2) Couplets de 4 vers de 10 syllabes.
Féminin, *masculin*, alternatifs.

Charmant désert, tranquille solitude (Folies d'Espagne).
Charmantes fleurs, quittez les prés de Flore.
Daigne écouter l'amant fidèle et tendre.
Depuis long-temps j'ai trois mots à vous dire.
Je t'aimerai, je chérirai tes chaînes.
Femme sensible, entends-tu le ramage?
O Fontenay, qu'embellissent les roses!
Point n'ai d'attraits, etc.
Pourquoi vouloir qu'une personne chante?
Rien, tendre Amour, ne résiste à tes armes (Gulnare).
Te bien aimer, ô ma chère Zélie!
Triste raison, j'abjure ton empire.
Un tendre amant veut-il dire qu'il aime.
Viendras-tu pas, toi que mon cœur adore?
Vaudeville du Méléagre champenois.

(3) Couplets de 4 vers de 10 syllabes.
1 *féminin*, 2 *masculins*, 1 *féminin*.

A dix-sept ans, la pauvre Coralie.
Vous l'ordonnez, je me ferai connaître.
Air de Paësiello, sur les mêmes paroles.

(4)   Couplets de 8 vers de 8 syllabes.
Masculin, féminin, alternatifs.

Air de la romance de Bélisaire.
Adieu; je vous fuis, bois charmans.
Age d'Astrée, ô temps heureux!
Ah! daignez m'épargner le reste.
Au sein d'une fleur tour-à-tour.
Avec vous sous le même toit.
Ce fut par la faute du sort.
Chacun avec moi l'avoûra.
Comme j'aime mon Hippolyte.
Conservez bien la paix du cœur.
De vos bontés, de mon amour.
De prendre femme, un jour, dit-on.
Femmes, voulez-vous éprouver?
Il faut donc partir de ces lieux.
J'aime la force dans le vin.
Je vous comprendrai toujours bien.
Je t'aime tant, je t'aime tant.
Je ne suis plus de ces vainqueurs.
Jeunes amans, cueillez des fleurs.
Il faut des époux assortis.
La comédie est un miroir.
La fuite en Egypte jadis.
Le roi des preux, le fier Roland (d'Alvimare).
Ma Doris, un jour, s'égara.
Non, non, Doris, ne pense pas.
On compterait les diamans.
On fait toujours la même chose (Marcelin).
Prenons d'abord l'air bien méchant.
Que m'importe ma liberté!
Que chaque fleur m'offre a ses yeux (Arlequin à Alger).

(4) Suite des 8 vers de 8 syllabes, *masc. fém. alt.*

Que vois-je? ah! quel jour radieux?
Sur un soupçon trop incertain.
Sylvie à l'age de quinze ans.
Trouver le bonheur en famille.
Trouverez-vous un parlement?
Vaudeville de Oui ou non.
——————— du Fandango.
——————— du petit Jockey.
——————— d'Alcibiade
——————— des Vélocifères.
——————— de la Soirée orageuse.
——————— des deux Veuves.
——————— de la Revue de l'an VI.
——————— de la Cinquième Edition.
——————— de la Fille en Loterie.
——————— de Voltaire chez Ninon.
——————— de l'Abbé Pellegrin.
——————— de Molière à Lyon.
——————— de Florian (J'étais bon chasseur autrefois).

(5) Couplets de 8 vers de 8 syllabes.
Féminin, masculin, alternatifs.

Air du Maître d'Ecole.
Air de la ronde d'Anacréon.
Air du Cousin de tout le monde.
Air de Gabrielle de Vergy.
Amusez-vous, jeunes fillettes.
A Paris, et loin de sa mère.
A peine au sortir de l'enfance (Joseph).
Au fond d'une sombre retraite.
Au fond d'un bois, la jeune Adèle.

(5) Suite des 8 vers de 8 syllabes, *fém. masc.* alt.

Au soin que je prends de ma gloire.
Avec les jeux dans le village.
A voyager passant sa vie.
Ce magistrat irréprochable.
C'est à mon maître en l'art de plaire.
C'est par les yeux que tout s'exprime.
C'est pour toi que je les arrange.
Cet arbre apporté de Provence.
D'l'instant qu'on nous mit en ménage.
Des simples jeux de son enfance.
Deux enfans s'aimaient d'amour tendre.
D'une abeille toujours chérie.
De sommeiller encor, ma chère (Fanchon).
Du partage de la richesse.
Du serin qui te fait envie.
Faut attendre avec patience.
Guillot, un jour, trouva Lisette.
Guillot auprès de Guillemette.
Guzman ne connait plus d'obstacle.
J'ai pour toujours à ma Sophie.
J'ai vu le Parnasse des Dames.
J'ai vu partout dans mes voyages.
J'aime ce mot de gentillesse.
Je vais te voir, charmante Lise.
Je le tiens ce nid de fauvette.
Je loge au quatrième étage.
Jetez les yeux sur cette lettre.
La jeune Hortense dans Ferrare.
La douce clarté de l'Aurore.
L'autre jour j'aperçus Lisette.
Lise chantait dans la prairie.

**

(5) Suite des 8 vers de 8 syllabes, *fém. masc.* alt.

Lorsque dans une tour obscure.
Lycas aimait la jeune Ismène.
Mon cœur soupire dès l'aurore.
Ma peine a devancé l'aurore.
N'avoir jamais qu'une pensée.
Par hasard, ce bon La Fontaine.
Pégase est un cheval qui porte.
Pourriez-vous bien douter encore ?
Quand l'Amour naquit à Cythère.
Que j'aime à voir les hirondelles.
Salut, ô divine Espérance !
Si Dorilas médit des femmes.
Si Pauline est dans l'indigence.
Sous une paupière innocente.
Tendre fruit des pleurs de l'Aurore.
Tenez, moi je suis un bonhomme.
Tout roule aujourd'hui dans le monde.
Un jour, me demandait Hortense.
Un jour pur éclairait mon âme.
Vous me plaignez, ma tendre amie.
Vous qui du vulgaire stupide.
Vaudeville de Florine.
——————— de Jadis et Aujourd'hui.
——————— des Jumeaux de Bergame.
——————— de l'Officier de fortune.
——————— du petit Matelot.
——————— des petits Montagnards.
——————— du Rémouleur et la Meûnière.
——————— du Jaloux malade.
——————— du ballet des Pierrots.
——————— de la petite Métromanie.
——————— du Tableau en litige.

(6) Couplets de 8 vers de 8 syllabes.

Les 4 premiers vers, *féminin*, *masculin*, alternatifs.
Les 4 derniers, 1 *féminin*, 2 *masculins*, 1 *féminin*.

Dans la chambre où naquit Molière.
L'éclat d'une vive Lumière (Owinska).
Souvent, la nuit, quand je sommeille.
Vaudeville de l'Avare et son Ami.
—————— des Chasseurs et la Laitière.
—————— des Visitandines.

(7) Couplets de 8 vers de 8 syllabes.

1 *féminin*, 2 *masculins*, 1 *féminin*.
1 *masculin*, 2 *féminins*, 1 *masculin*.

Être délicat en affaire.
Un soir, dans la forêt prochaine.

(8) Couplets de 8 vers de 8 syllabes.

1 *masculin*, 2 *féminins*, 1 *masculin*.
1 *féminin*, 2 *masculins*, 1 *féminin*.

Ah! pour l'amant le plus discret.
Comment goûter quelque repos?
Vaudeville des Hasards de la guerre.

(9) Couplets de 6 vers de 8 syllabes.

Les 4 premiers vers, *masculin*, *féminin*, alternatifs.
Les 2 derniers, *masculins*.

Ce fut au temps de la moisson.
Chantez, dansez, amusez-vous.
Dans le bosquet, l'autre matin (la Dot).
J'avais égaré mon fuseau.
Mon père, je viens devant vous.
Versez donc, mes amis, versez.

(10) Couplets de 6 vers de 8 syllabes.

Les 2 premiers, *féminins*.
Les 4 derniers, *masculin*, *féminin*, alternatifs.

De tous les capucins du monde.
Je ne suis né, ni roi, ni prince.

(11) Couplets de 6 vers de 8 syllabes.

1 *Féminin*, 2 *masculins*, 1 *féminin*, 2 *masculins*.

Ah ! s'il est dans notre village.
Il n'est qu'un pas du mal au bien.
Il reviendra ce soir, je crois.

(12) Couplets de 4 vers de 8 syllabes.

Masculin, *féminin*, alternatifs.

Flora n'a pas besoin d'aïeux.
Nous sommes précepteurs d'Amour.
Que ne suis-je encore un enfant!
Sans dépit, sans légèreté.

(13) Couplets de 4 vers de 8 syllabes.

Féminin, *masculin*, alternatifs.

C'était la fête de Sylvie.
Dans un bois solitaire et sombre.
Je l'ai planté, je l'ai vu naitre.
Jupiter, prête-moi ta foudre.
La circonstance du moment (Minuit)
Réveillez-vous, belle endormie.
Sous un saule, dans la prairie.
Sur un sofa, dans un boudoir.
Tu croyais, en aimant Colette.
Vous qui suivez toujours mes traces.

(14) Couplets de 8 vers, dont 7 de 8 syllabes,
et le dernier de 6 syllabes.
Masculin, féminin, alternatifs.

Les cruels ravages du Temps.
Sautez par la croisée.
Vaudeville d'Arlequin afficheur.
———————— de Frosine.
———————— de l'Opéra comique.
———————— de la Pupille.
———————— des Valets de campagne.

(15) Couplets de 8 vers dont le 1er de 8 syllabes
et le 2e de 6, alternativement.
Masculin, féminin, alternatifs.

Air de Joconde.
Air du pas redoublé.
Est-il de plus douces odeurs ?
J'avais à peine dix-sept ans.
Je connais un berger discret.
Le curé de Pompone a dit.
Nous jouissons dans nos hameaux.
O vous que le besoin d'aimer.
Philis demande son portrait.
Quand je vous ai donné mon cœur.
Qui par fortune trouvera.
Vous m'ordonnez de la brûler.
Vous voulez me faire chanter.

(16)   Couplets de 8 vers de 7 syllabes.
         Féminin, masculin, alternatifs.

Air de la fanfare de Saint-Cloud.
Aussitôt que la lumière.
Ce boudoir est mon Parnasse.
C'est la fille à Simonette.
C'est la petite Thérèse.
Dans ces désertes campagnes.
Des rigueurs d'une bergère.
En amour, c'est au village.
Et j'y pris bien du plaisir.
Je suis modeste et soumise (Cendrillon).
Jusque dans la moindre chose.
La nuit, quand j'pense à Jeannette.
La lumière la plus pure.
Le soleil est le principe.
Que ne suis-je la fougère !
Sur une écorce légère.
Ton humeur est, Catherine.
Ronde du Club des Bonnes-Gens.
Vaudeville de Claudine.
——————— de Lantara.
——————— des Rendez-vous bourgeois.
——————— du Réveil d'Épiménide.

Même rythme, *masculin, féminin,* alternatifs.

C'est du bien que l'on en dit.
Laissant respirer les cœurs (l'Amour marchand de roses).

(17) Couplets de 6 vers de 7 syllabes.
Féminin, masculin, alternatifs.

Ce mouchoir, belle Raimonde.
Cœurs sensibles, cœurs fidèles.
Dans un verger, Colinette.

(18) Couplets de 8 vers de 6 syllabes.
Féminin, masculin, alternatifs.

Attendez-moi sous l'orme.
Bocage, que l'Aurore.
Ça fait toujours plaisir.
Dans la vigne à Claudine.
Dans les Gardes françaises.
Dans ma cabane obscure.
De mon berger volage.
Ecoutez l'aventure.
Il pleut, il pleut, bergère.
Jeune et novice encore.
La femme est une rose.
Linval aimait Arsène.
Lise, entends-tu l'orage?
O ma plaintive amie!
O ma tendre musette!
Partant pour la Syrie.
Sur le déclin de l'âge.
Un ingrat m'abandonne.
Vent brûlant d'Arabie.

(19) Couplets de 8 vers de 6 syllabes.
1 *masculin*, 2 *féminins*, 1 *masculin*.
1 *masculin*, 2 *féminins*, 1 *masculin*.

Au bord d'un clair ruisseau.
Julie est sans désir.

(20)   Couplets de 8 vers de 5 syllabes.
Féminin, masculin, alternatifs.

Assis sur l'herbette.
Au clair de la lune.
Déjà dans la plaine.
La jeune Isabelle.
Malgré la bataille.
Vivent les fillettes.

(21) Couplets de 5 vers, dont le 1er et le 5e de 4 syllabes, le 2e, le 3e, le 4e, de 8 syllabes.
Féminin, masculin, alternatifs.

Bouton de rose.
O ma Georgette !
Pour la baronne.
Que veut-il dire ?
Vers ma chaumière.

(22) Couplets de 8 vers, dont le 1er de 8 syllabes, et le 2e de 4 syllabes, alternativement.
Féminin, masculin, alternatifs.

Air des Pélerins de Saint-Jacques. (Nous voyageons, etc.)
Air de la Romance d'Alexis.
N'est-il, Amour, sous ton empire ?
Sans le nommer.
Vous qui de l'amoureuse ivresse.

www.ingramcontent.com/pod-product-compliance
Lightning Source LLC
Chambersburg PA
CBHW052043230426
43671CB00011B/1767